KB182721

요즘 서른의 심리학

불투명해 보이는 인생을
선명하게 잡아주는 어른의 심리 공부

요즘
서른의
심리학

박예지

TORNADO
토네이도

밖을 바라보는 사람은 꿈을 꾸고,
안을 들여다보는 사람은 깨어난다.
－칼융

지금 서른에게
진짜 필요한 건
마음 공부다

나는 집에서 식물 키우는 것을 좋아하는데, 툭하면 식물들이 시들곤 했다. 나의 키를 훌쩍 넘는 나무를 포함해 갖가지 식물을 잘 키워내시는 아버지께 그 비결을 알려 달라고 했을 때, 아버지께선 '관심' 한 단어를 주셨다.

'좀 구체적으로 가르쳐 주시지.'

처음엔 야속한 마음이 들었지만, 때마다 필요가 바뀌는 식물을 키우기 위해선 무엇보다 관심이 중요하다는 걸 곧 알게 되었다.

　이후 나는 그동안 보지 못했던 작은 변화들에 즉각적으로 반응할 수 있게 되었다. 잎이 변색된 걸 보고 필요한 영양분을 채워주었고, 성장이 더뎌진 수중식물의 물을 더 자주 갈아줌으로써 새 줄기를 뻗게 했다. 관심을 많이 받은 식물은 그 성장 속도와 생기가 남달랐다. 우리의 마음도 마찬가지이지 않을까 생각한다. '나는 지금 무엇이 필요할까?', '너무 지쳐 있진 않은가?', '내가 원하는 관계를 맺고 있는가?' 질문하며 그때그때 관심을 기울일 때, 우리의 마음은 활기차게 제 역량을 발휘한다.

　서른의 시기에 접어든다는 건 어른으로서 이전보다 더 깊고 복잡한 고민을 하는 여정이다. 여러 가지 관계적, 경제적, 직업적 선택을 해나가면서 완벽한 결정을 해야 한다는 압박감으로 힘들어하기도 한다. 50년 경력의 미국 상담사 로버트 타이비는 '서른 살의 위기'가 오는 이유가 10대, 20대에 정신없이 바쁘게 달려온 청년들이 비로소 멈추어 인생을 재정비하는 시기이기 때문이라고 한다. 서른은 어느 때보다 내 마음에 관심을 가지기 좋은 시간일지 모른다. 과거를 돌아보며 해로운 것은 가지치기하듯 쳐내고, 더 만족스러운 미래를 위해 채울 것은 없는지 고심해 보는 기회인 것이다.

　20대에 나는 만족스럽지 않은 연애를 반복적으로 경험했고, 교육자로서 한계에 부딪혔다. 나는 무엇보다도 내 마음을 알고 싶었다. 불투명했던 나의 욕구와 감정을 선명하게 볼 수 있다면, 내가 원하는 인생을 만들어갈 수 있을 것 같았다. 또한 성숙한 어른이 되어 다른 사람들을 여유롭게 사랑하고 돕고 싶었다. 누군가의 사랑 넘치는 아내, 든든한 친구, 좋은 교육자가 되기 위해 학교심리학을 전공으로 컬럼비아 대학원에 진학했고, 지난 4년간 교육학적, 심리학적 지식들이 내 일상에 조금씩 안정감과 행복을 가져왔다. 그렇게 삼십의 문턱을 넘은 나는 그 어느 때보다 내 마음에 관심을 기울이고, 나 자신을 잘 알며, 내가 원하는 인생을 살아가고 있다.

　나의 첫 책인 『요즘 서른의 심리학』은 나와 같이 홀로 수많은 무거운 결정들을 해나가는 서른 즈음에 있는 사람들을 위해 심리학적 지식을 전달한다. 또한 내가 마주한 심리학, 그리고 나의 내담자들에게 도움이 되었던 심리학 정보들이 담겨 있다. 초보 어른으로서 지나온 불안을 솔직하게 풀어내면서, 서른의 나, 일과 관계, 그리고 사랑에 대해 심리학이 줄 수 있는 위로와 지혜를 전하고 있다. 심리학자로서, 그리고 동시대를 살아가는 한 사람으로서 이 책이 독자들에게 따뜻한 마음 가이드이자 성장 안내서가 되길 바란다.

차례

프롤로그 지금 서른에게 진짜 필요한 건 마음 공부다 • 006

Part 1 | 나는 내가 생각하는 어른이 되었을까?

나의 주도권을 쥐고 있는 자아에게 • 015

내 목소리들로 머릿속이 도떼기시장 같을 때 • 023

함부로 나에게 라벨을 붙이지 말 것 • 030

자신의 부정적인 감정 패턴을 파악하는 일 • 036

자아 분화가 잘된 사람들의 특징 • 043

방황하는 마음과 머무는 마음 • 049

당신은 직장인 A가 아니다 • 060

고통을 키우지 않는 법 • 068

불확실한 선택 vs. 불행한 선택 • 072

결과주의자에서 과정주의자로 • 076

나에게 더 많은 기회를 주는 법 • 083

가면 증후군에 걸린 사람들 • 087

Part 2 | 심리학이 알려주는 더 나은 인생

친구의 합격 소식에 마음이 우울해질 때 • 097

누군가에게 절대 뒤처지지 않는 법 • 101

스몰 토크의 주제가 외모뿐인 이유 • 107

수치심이 들 때 나오는 방어기제 • 114

서른, 이제 그만 경계선을 그어라 • **119**

다른 사람이 내 인생을 결정할 수 없다 • **127**

원하는 것을 제대로 요구하는 법 • **134**

서른이 슬픔을 대하는 자세 • **147**

더 오래 살고 싶다면 친절하라 • **153**

서른에게 필요한 다시 일어서는 힘 • **159**

Part 3 │ 혼자여도 함께여도 나로 사는 법

타인에게 묻기 전 자신에게 물어야 하는 질문 • **167**

울고 있는 어린 나와 만나는 시간 • **174**

관계를 가로막고 있는 나의 짐 • **180**

왜 자꾸 불안한 연애만 하게 될까? • **185**

혼자가 편한 사람들 • **195**

서른에게 필요한 안전기지를 찾아 • **203**

사실 연애에도 공식이 필요하다 • **208**

성숙한 연애를 하는 사람들의 특징 • **213**

잘 이별하는 법, 애도의 5단계 • **218**

심리학이 말하는 좋은 배우자란 • **223**

'좋아해'와'사랑해'의 차이 • **228**

우리는 함께 더 성장하고 있는가 • **234**

감사의 말 • **238**

Part 1

나는 내가 생각하는
어른이 되었을까?

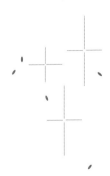

나의 주도권을
쥐고 있는
자아에게

여러 사람의 의견과 요구를 적절하고 공평하게 들어주며 바람직한 방향으로 이끄는 리더의 역할을 해본 적이 있는가? 나는 컬럼비아 대학원 학교심리학 전문가 과정 중에 이러한 리더십을 발휘해야 했다. LA 카운티에 위치한 초등학교에서 풀타임으로 근무를 할 때였다. 일주일에 한 번씩 학생들이 감정을 조절하고 건강하게 친구를 사귈 수 있도록 그룹 상담을 진행했는데, 한 공간에 모인 아이들의 성격이나 성향이 저마다 달랐다. 한번 말을 시작하면 고속도로를 타고 멈출 줄 모르는 아이, 어떤 질문을 하든 귀찮은 듯 단답형으로 말하는 아이, 주어진 모든 활동을 완벽하게 해내는 모범생 아이, 팔짱을 끼고 자주 다른 친구들을 째려보는 경계심이 많은 아이. 그룹 상담 시간은 이렇게 서로 다른 아이들이 각자의 관점을 나누는 특별한 자리였다.

여기에서 내 역할은 한 명도 빠짐없이 아이들이 자신의 생각과 감정을 나누고 이해받도록, 또 중요한 사회 정서적 능력을 기를 수 있도록 모임을 이끄는 것이다. 그러려면 리더로서 균형을 잘 잡아야 했다. 한 번은 상담 중 자신의 얘기를 끊임없이 늘어놓는 학생이 있었다. 아이는 다른 사람이 말할 때 수시로 끼어들었고, 웬만한 눈치에도 아랑곳하지 않았다. 그룹 상담 수업에서는 이런 학생을 '군림형'이라고 부른다. 나는 그 학생과 눈을 맞추고 이름을 부르며 말했다.

"너의 얘기를 나눠줘서 고마워. 그런데 다른 친구들의 이야기도 듣고 싶어. 네 이야기는 1분 안에 끝내줘."

그리고 알람을 맞춰 정확히 1분에 이야기를 마치게 했다. 이렇게 해야 군림형 학생으로 인해 자신의 시간을 빼앗겨 흥미를 잃거나 불평하는 학생이 없기 때문이다.

상담 시간을 통해 이렇게 다양한 아이들을 만날 때마다 나는 내 안에도 서로 다른 다양한 내가 있다는 사실을 생각하게 된다. '나'는 문법적으로 단수형 명사이지만, 심리학적으로 보면 '그들' 복수형에 가깝다. 나는 여러 가지 감정과 의도, 생각 패턴과 행동 패턴으로 이루어진 하나의 사회이기 때문이다.

매일 진득이 책상에 앉아 멋진 책을 써내고 싶은 '나'가 있고, 비 오는 날 몽글몽글한 영화 한 편을 보며 쉬고 싶은 '나'가 있다. 나의 십일자 복근을 보고 싶은 '나'가 존재하는데, 바삭한 치킨 생각에 군침 흘리며 배달 앱을 켜는 '나'가 있다. 아이를 낳고 행복한 가정을 꾸리고 싶은 '나'가 있고, 학업적으로, 커리어적으로 더 성취하고 싶은 '나'도 있다. 이 모든 '나'들이 협력할 때도 있지만, 팽팽한 긴장 관계를 이루다가 치열하게 대립하기도 한다.

영화 〈인사이드 아웃〉에서는 자칫하면 균형이 깨질 수 있는 우리 내면의 사회를 잘 묘사한다. 주인공 라일리 안에는 다양한 감정들이 부대끼며 살아간다. 보통 기쁨이가 주도권을 잡고 라일리에게 필요한 많은 결정을 내린다. 그런데 그룹 상담의 군림형 학생처럼 기쁨이는 슬픔이나 불안이 등 다른 감정들이 반대 의견을 낼 때 자신의 의견만이 옳다며 밀어붙인다. 또한 필요 없다고 여겨지는 부정적인 감정과 경험은 '기억 너머

저편'으로 보내버리기도 한다.

이러한 감정과 경험들은 사라지지 않고 어딘가에서 큰 산을 이루고 있는데 어떤 자극에 의해 산사태가 나면서 라일리의 내면세계를 아수라장으로 만든다. 이것이 우리의 내면세계에서 실제로 자주 일어나는 일이다. 마틴 루터 킹이 말했다.

"억압받는 자는 계속 억압받지 않을 것이다."

이 원리가 우리의 욕구와 감정에도 똑같이 적용된다. 억압된 감정은 어디에선가 터지고 만다. 그렇기 때문에 자신의 다양한 욕구와 감정들을 포용할 만한 공간을 마련한 사람일수록 심리적으로 안정적이고 단단하다.

나는 2022년 여름, 요가와 명상 수련을 하고자 태국 코팡안 섬에 위치한 요가 수련원에서 한 달간 요가 지도자 과정을 수료했다. 그때 친해진 독일계 친구가 있었다. 금발에 탄탄한 몸을 지닌 그녀는 호흡기내과 전문의였다. 그녀는 코로나 시기를 겪으며 번아웃이 와서 태국에서 석 달째 쉬고 있다고 했다. 요가 수련 중 커피 섭취는 권장되지 않았지만, 우리 둘은 쉬는 시간에 늘 빠져나와 카푸치노를 한 잔씩 했다. 한 달 동안 커피메이트였으니 그동안 많은 얘기를 나눴다.

그녀와 그녀의 자매들은 모두 어려서부터 성격도 밝고 공부도 잘해서 늘 부모님이 자랑처럼 여겼다고 했다. 그녀는 스스로를 긍정적인 사람이라고 했다. 그런데 요가 지도자 수련 과정 중 자신의 내면을 들여다보는 자아 성찰 시간에 그것이 꼭 좋은 것만은 아니라는 걸 처음 깨닫게 되었다. 그녀는 누군가가 자신에게 무례하게 대하거나 배신을 해도 '좋게 좋게' 넘기려고 했고, 그래서 자신은 상처가 없는 사람이라고 자부해왔다. 그런데 부정적인 감정을 다루는 법을 모르는 것이 문제가 되었다. 상대가 우울해하면 크게 반감이 올라왔고, 연인이라도 슬픔이나 분노를 표출하면 거리를 두게 되었다. 그래서 보통 갈등이 생기면 회피하다가 헤어졌다.

"우리 아버지는 내가 한숨이라도 쉬면 꿀밤을 때렸어. '웃어야지!' 하시면서."

그녀는 이렇게 말하며 두 손가락을 입꼬리에 대고 양쪽으로 올렸다.

"나는 늘 밝아야 했기에 내 부정적인 감정들을 다 감옥에 처넣었는데, 다른 사람들의 부정적인 감정들을 받아줄 여유가 어디 있겠어."

그녀는 그동안 자신이 온전히 스스로를 수용하지 못해 왔다는 사실을 인식했다. 누구나 때로는 속상하고, 찌질하고, 연약하기 마련인데 그녀는 늘 밝고 명랑하기만을 기대하는 부모님에 의해 내면에서 일어나는 부정적인 감정들을 눌러왔던 것이다. 요가 지도자 과정 중에는 많은 감정을 마주하게 된다. 이때 다른 수련자들은 자신의 상처가 올라오면 울어 버리고, 또 아이처럼 웃었다.

"나는 여전히 그게 어려워. 감정이란 게."

그녀는 다른 사람들이 치유의 경험을 할 때 혼자 우두커니 앉아 있는 자신이 이제는 조금 이해가 된다고 했다.

우리는 무의식적으로 부모가 자신을 대했던 방식으로 스스로를 대하게 된다. 부모가 자신의 이상적인 모습만을 받아주었다면 스스로에게 엄격한 사람으로 성장할 수 있다. 그리고 자신이 조금만 잘못하거나 실수했을 때 스스로를 과도하게 비판하게 된다. 완벽해야만 사랑받을 자격이 있다고 생각하기 때문이다. 성인이 되는 과정 중 하나는 부모가 인정하는 틀에서 벗어나 모든 나의 다양한 감정과 욕구들을 수용하고 돌아보는 것이다.

이 작업은 결코 쉽지만은 않다. 일주일에 한 번 그룹 상담을 진행하는 데에도 많은 코칭이 필요했다. 석사를 밟고 전문가 과정을 하고 있던 나는 매주 교수님께 2시간의 이론 수업을 듣고 1시간의 코칭을 받았다. 내면 사회를 돌보고 잘 이끌어가는 리더십도 꾸준한 관심과 연습, 때로는 코칭이 필요하다.

내면 사회의 리더십은 각자 다르게 형성되는데, 자신만의 유독 강화되는 자아가 있다. '나는 착해야 돼'라는 신념이 강하게 자리 잡은 사람은 주변 사람들에게 늘 양보하기만 하고 불편한 상황에서도 할 말을 제대로 못 한다. 정작 자신이 원하는 것이나 필요한 것은 늘 뒷전이 된다. 그러다 생각지도 못한 상황에서 쌓인 불만이 이상하게 터져버리기도 한다. 또 '사람에게 의지하면 상처받을 거야'라고 믿는 경계심 많은 '나'가 강하게 자리 잡은 사람은 다른 사람들을 밀어내기만 하여 사랑받고 싶은 '나'는 굶주리게 된다.

당신의 내면 사회에는 어떤 자아가 주도권을 가지고 있는가? 현재 주도권을 가진 '나'는 대부분 어릴 적부터 강화된 자아일 것이다. 어떻게 했을 때 부모님께 인정과 칭찬을 받았는가? 또 나의 어떤 모습이 차가운 피드백을 받았는가? 조건적 강화를 받으며 형성된 자아는 다시는 상처받고 싶지 않아서 점점 그 힘을 키워갔을 것이고, 그러면서 소외받고 억압받는 자아들이 늘어났을지도 모른다.

서른 즈음에 내 자신이, 내 삶이 답답하고 불만족스럽다면, 나의 여러 가지 욕구와 감정들이 억압되고 방치되어 찌그러져 있기 때문일 수 있다. 그렇다면 이제 어른이 된 내가 내 인생의 리더로서 역할을 수행하면 된다. 내면의 다양한 욕구와 감정들을 무시하거나 억압하지 않고, 그 목소리들을 존중하면서 조화롭게 다스릴 때, 스스로 안정과 행복을 책임질 수 있는 힘을 갖게 될 것이다.

내 목소리들로
머릿속이
도떼기시장 같을 때

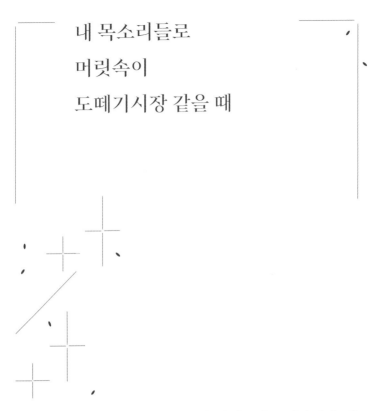

내 안에 다중적 인격들이 존재하기에, 내 머릿속 생각의 장은 도떼기시장이 따로 없다. 각자가 저마다의 욕구와 의견을 큰 소리로 외치는 소란스러운 장이다. 최근 자기 내면의 목소리에 귀 기울여본 적이 있는가? 요즘 나를 기상시키는 목소리는 '원고를 잘 써야 하는데. 마감이 얼마 안 남았어!' 하고 외치는 불안의 목소리이다. 세수를 하고 거울을 볼 때면 '얼굴이 좀 푸석해 보이네. 친구가 받았다던 콜라겐 주사가 정말 효과가 있나?' 외모에 대한 걱정의 목소리도 들린다. 이렇게 하루 동안 시시각각 우리는 내면의 목소리를 듣는다.

심리학을 공부하고 나서부터 나는 '나의 생각'이 결코 내가 아니라는 사실을 알게 되었다. 나는 내 안의 여러 목소리를 듣고 관리하는 리더이다. 이 역할을 제대로 인지하지 못하면, 우리는 생각의 소용돌이에 휩쓸리고 만다.

예를 들어, 친구들과 함께 모여 있는 단톡방에서 자신이 보낸 메시지에 누구도 대답히지 않을 때 이런 목소리가 속삭인다고 해보자.

'애네들이 날 무시하니까 아무도 대답해주지 않는 거야. 하긴 나 같은 애를 왜 좋아하겠어.'

근거 없는 이 생각을 믿어버리면 나는 상처를 받는다. 만약 이 일로 단톡방에서 나가버리거나 친구들에게 따지려고 든다면, 그런 의도가 아니었던 친구들은 당황할 것이다. 아무도 나를 무시한 적이 없는데, 스스로 친구들을 밀어내버리는 불상사가 발생하는 것이다.

이때 내면의 비판적인 목소리를 잘 걸러내고, '나를 왜 무시하겠어. 바로 대답할 수 없는 각자의 상황이 있겠지'라고 생각한다면, 답장을 기다리거나 메시지를 다시 한 번 보내는 등 더욱 여유롭게 대처할 수 있다. 이러한 태도가 쌓일수록 우리는 우리가 맺는 다양한 관계에서 서로를 이해하고 맞춰나갈 기회를 더 많이 얻게 된다.

내담자 J는 30대 초반의 온라인 영어 강사였다. 이혼을 하고 아이 둘을 키우고 있었다. 그녀는 이혼 후 우울증이 다시 찾아왔다고 말했다. 자신이 아무것도 잘 해내지 못하는 머저리처럼 느껴진다고 했다. 사람들이 자신을 흉보고 욕할까 봐 걱정되고 수치심도 느낀다고 말이다. 그래서 SNS를 닫고 어디론가 사라지고 싶다고 말했다.

이러한 J의 모습이 생각의 소용돌이에 휩쓸려 나의 생각이 곧 나고, 현실인 것처럼 믿게 된 예로 볼 수 있다. 그녀를 괴롭게 하는 유해한 내면의 목소리는 '나는 아무것도 잘 해내지 못하는 머저리야'였다. 온라인으로 상담을 하던 중 그녀 뒤에 늘어져 있는 강아지를 보고 내가 말했다.

"아무것도 못 하는 머저리요? J님과 함께 지내는 강아지는 혼자 밥을 해 먹나요?"

그녀는 강아지를 돌아보고는 "얘는 팔자가 좋아요"라며 웃었다.

"J님이 안락한 쉴 곳도 제공해주고 밥도 챙겨주고 산책도 제때 해주니까 저리도 편한 거 아니겠어요?"

　J는 고양이도 키우고 있는데 자신이 견주나 집사로서는 괜찮은 편이라고 말했다. 그녀의 말처럼 아무것도 하지 못하는 머저리는 아닌 것으로 판결 났다. 나는 그녀의 집이 늘 깨끗했고, 그녀가 상담 시간에 한 번도 늦은 적이 없다는 사실도 언급했다.

　나는 J에게 그녀의 생각, 내면의 목소리가 항상 진실을 말하지는 않는다는 것을 알려주고 싶었다. 내면의 목소리를 무조건적으로 받아들이기보다는, 그 생각과 거리를 두고 관찰하는 시각을 가지면, 그녀가 힘들어하는 수치심과 우울감도 해결될 수 있다고 판단했다. 우리의 생각이 감정과 행동에 큰 영향을 미친다는 개념은 심리치료에서 가장 많이 쓰이고 있는 인지행동치료Cognitive Behavioral Therapy, CBT의 핵심이다. 이는 생각을 스스로 점검하고 재구성하는 방식으로 감정 조절과 행동 변화를 유도한다.

　나는 '나의 생각'이 아니라, 여러 가지 들려오는 목소리를 관리하는 리더이다. 리더로서의 정체성을 구축하기 위해선 나의 생각과 건강한 거리감을 갖는 것이 필요하다. 나는 그가 이 비판적인 목소리의 근원을 파악하길 원했다.

　"J님에게 아무것도 잘 해내지 못하는 머저리라고 하는 이 목소리는 어디서 온 걸까요?"

내가 묻자, 그녀는 어머니 얘기를 했다.

J의 어머니는 어릴 적 아버지와 이혼을 하고 새 가정을 이루셨다. 어머니의 새 남편에게도 자식들이 있었는데, 그들이 J를 못살게 굴곤 했다. 그때마다 어머니는 J의 편을 들어준 적이 없었고, 오히려 모두가 보는 앞에서 그녀를 나무랐다고 한다. J는 최근에 바람을 피운 남편과 이혼을 했는데, 그 과정에서도 어머니는 모든 것이 J가 부족하기 때문이라며 그녀를 비난했다.

상담을 하면서 J는 자신을 아프게 하던 어머니의 목소리가 어느새 자신의 내면의 목소리가 되었다는 사실을 깨달았다. 두 아이의 엄마인 그녀는 아이를 키우면서도 비판의 목소리에 시달렸다. 첫째 아이가 울면 '나는 역시 부족한 엄마야'라는 말이 들려왔고, 둘째 아이가 침대에 침을 흘리면 '왜 또 방수패드를 안 깔았을까?' 하는 화살이 자신에게 날아왔다. 그녀는 쉴 새 없이 비판을 받고 있었던 것이다.

J의 소원은 자신의 불행한 성장 과정이 두 아이에게 반복되지 않는 것이었다. 그녀는 아이들을 위해서라도 잃어버린 자존감을 회복하고 싶다고 말했다. 30년 평생 들어온 자기비판의

목소리를 없애려면, 양육의 목소리에 그만큼 많이 자신을 노출시켜야 했다. 양육의 목소리는 나에게 안정감과 자존감을 심어주는 목소리이다. '실수해도 괜찮다', '나는 가치 있는 사람이다'라는 메시지를 전한다. 그녀는 시간이 날 때마다 자존감에 관한 심리서나 관련 영상을 자주 접했다. 또한 나는 매주 J와 만날 때마다 그녀의 목소리를 걸러내는 작업을 했다. 그녀가 길었던 하루를 떠올리며 "제가 너무 부족한 엄마 같아요"라고 하면, 나는 이렇게 말하곤 했다.

"육아가 힘들지 않은 사람이 있으면 나와 보라고 해요. 당신은 어려운 상황 속에서도 최선을 다하는 강한 엄마예요."

그녀는 아이들을 위해 심리 상담을 신청하고 정신 건강 관리를 하는 멋진 사람이다. 그런 자신을 조금 더 인정해 주는 노력이 필요했을 뿐이었다.

몇 개월 후, 그녀는 많이 달라졌다. 예전에는 거울을 보면 자신에게 비판의 소리를 따발총처럼 쏘아댔는데, 이제는 힘든 자신을 위로한다고 했다. "잘하고 있어. 오늘도 수고했어"라고.

"이제 선생님의 목소리가 제 것이 된 거 같아요."

그녀는 나를 향해 싱긋 웃으며 말했다. 이렇게 생각의 근원을 파악하고 관리하는 능력과 함께 그녀의 일상에는 평화가 찾아왔다.

우리가 하루 종일 떠올리는 생각들 중 유독 나를 불안하게 하는 생각이 있진 않은가? 이는 대부분 상황에 대한 우리의 자동적인 해석일 뿐이며, 실제로는 편향되거나 왜곡되어 있을 때가 많다. 이를 의식적으로 관리하는 연습을 하면, 스스로의 감정을 조절할 수 있는 힘이 생기고, 더욱 안정적인 일상을 누릴 수 있다.

함부로
나에게
라벨을 붙이지 말 것

앞에서 내담자 J가 자신을 '머저리'라고 말한 것은 '이름 붙이기' 혹은 '라벨링'이라는 흔한 인지 왜곡의 한 종류이다. 이는 한 사람의 부분을 가지고 그 사람의 전체에 이름을 붙여버리는 것을 말한다. 회사에서 들어온 지 얼마 안 되는 인턴이 실수를 했는데, 이를 두고 그를 계속 '어리바리 인턴'이라고 부른다거나, 두어 번 같은 실수를 했다고 해서 자신을 '불안한 사람'이라고 칭하는 것이 그 예이다. 많은 사람들이 이별을 겪은 후, 자신을 사랑에 '실패자'라고 말하거나 자신을 보호하기 위해 전 연인을 '쓰레기'라고 말하는 것도 마찬가지이다. 요즘은 성경 유형 검사 중 하나인 MBTI가 상대를 쉽게 판단하고 정의하는 도구로 많이 쓰인다. "너는 T(사고형)라서 역시 공감을 못 해"라며 소통을 거부하거나 P(인식형 또는 즉흥형)라는 이유로 계획적인 일을 맡겨주지 않는 것이다.

이렇게 한 사람에게 라벨을 붙여 버리면, 단기적으로는 편리할지 몰라도, 장기적으로는 누구에게도 도움이 되지 않는다. 한 개인을 계속해서 그 프레임 안에서 해석하게 되는 오류가 발생하기 때문이다. 사실 살펴보면 인턴이 잘 해내는 것도 많은데, '어리바리하다'라고 라벨링을 하는 순간 실수한 부분만 계속 눈에 띄고, 부족한 부분만 확대 해석하게 된다. 자신을 '실패자'라고 생각하는 사람은 새로운 가능성에 도전할 확률이 낮고, 자신을 '소심한 사람'이라고 규정하면 할수록 다른 사람과의 교류도 줄어들게 되는 것이다.

누구나 자신에게 실망하는 당황스러운 경험을 한다. 나는 14살에 처음 미국으로 유학을 갔을 때, 내가 영어를 한 문장도 제대로 구사하지 못한다는 사실을 깨닫고 충격을 받았다. 한국에서 영어 학원을 오랫동안 다녔지만, 실제로 마주하게 되는 다양한 상황에서 선생님이나 친구들이 하는 말을 제대로 알아듣지 못했고, 그러다 보니 입이 떨어지지 않았다. 한국에서는 항상 친구들과 우르르 몰려다니며 어울렸던 사교성 많은 내가 이렇게 소심할 수 있는지 그때 처음 알았다.

내가 다니던 미국 학교에 아시아에서 온 학생은 나 한 명이었다. 그래서 초반에는 같은 반 친구들이 호기심을 갖고 내게 말을 걸어오기도 했다. 하지만 이렇다 할 대답을 듣지 못한 친구들은 점점 나에게 흥미를 잃었고, 나는 점점 교실에서 투명인간 같은 존재가 되어갔다. 다른 아이들이 삼삼오오 모여 수다를 떠는 쉬는 시간과 점심시간이 제일 싫었다. 혼자 앉아 있는 나 자신이 너무 창피해서 화장실에 앉아 있거나 머리가 아프다는 핑계로 간호실에 누워 있곤 했다.

그렇게 3~4년 정도가 지난 후부터 나는 미국 문화도 언어도 제법 편해졌다. 친구들이 "너 처음 왔을 때 엄청 신비로웠어"라고 말하면, "그땐 할 말이 떠오르지 않았으니까"라고 얘기하며 나도 친구들도 그때를 언급하며 웃을 수 있었다. 고등학교를 마치고 나는 존스홉킨스 대학교를 졸업하고 컬럼비아 대학원에 진학했다. 20대 후반에 들어섰을 때 나는 인생의 반을 미국에서 보내고 있었던 셈이다.

그러다 대학원 여름 방학 중 태국에서 한 달간 진행되는 국제 요가 지도자 과정을 수료하고 싶은 마음이 들었다. 그런데 갑자기 두려움이 엄습했다.

'소심한 내가 그곳에 가서 또 혼자가 되면 어떡하지? 한 달 동안 친구를 한 명도 못 사귀면….'

또다시 새로운 나라에 낯선 그룹에 속한다는 게 오래전 기억을 건드렸다. 내 안에 일부분이 그때 겪었던 소외감을 여전히 기억하고 나 자신을 '소심한 이방인'으로 낙인찍고 있었다. 그때처럼 소외당할 수도 있다는 두려움을 자극해 새로운 일에 도전하지 못하도록 하는 것이다. 당시 심리학 전문가 과정 2년 차였던 나는 그 감정에 휩쓸리지 않으려고 노력했다. 나는 차분히 나의 리더로서 역할을 수행했다. 여러 생각과 욕구가 부딪히는 가운데, 나는 내 자신에 대해 최대한 구체적으로, 상황에 맞게 생각했다.

과거의 상황 어린 나이에 부모님과 떨어져 유학을 가서, 한국인이 없는 미국 사립학교에 진학함.

과거의 나 영어를 못하는, 친구 관계에 예민한 청소년.

과거의 대상 외국인을 본 적 없는 사립학교 학생들.

현재의 상황 국제 요가 지도자 수련 과정을 신청함.

현재의 나 영어가 유창한 어른.

현재의 대상 태국까지 오는 글로벌한 사람들, 요가라는 공통 관심사를 가짐.

이렇게 과거와 현재를 비교했을 때 상황과 나 자신, 대상이 모두 다르다는 사실을 인지하고 나는 용기를 냈다. 덕분에 태국에서 나는 의미 있고 즐거운 한 달을 보냈고, 동고동락한 유럽계, 태국계 요가 선생님들과 마음을 나누는 친구가 되었다. 내가 과거의 경험을 바탕으로 나를 정의했다면, 이런 좋은 경험을 하지 못했을 것이다.

인생의 그 어느 때보다 변화와 성장의 기회가 많은 서른의 시기일수록 새로운 상황에서 내가 과거와 똑같은 모습일 거라고 짐작하지 말자. 새로운 관계가 이전의 관계처럼 똑같이 끝날 거라고 지레 겁먹지도 말자.

나뿐만 아니라 오래 봐온 가족이나 지인이라고 해도 사람은 충분히 변할 수 있다. "이 덜렁아", "넌 너무 예민해", "아빠 항상 보수적이야", "맨날 엄마 마음대로야" 등 과거에 어떤 행동이나 상황으로 다른 사람을 한마디로 단정 짓지는 않았는지,

그래서 그들의 발전을 가로막지는 않았는지 생각해볼 필요가 있다. 이렇게 우리의 생각을 점검함으로써 우리는 스스로와 주변 사람들의 발전을 격려할 수 있다.

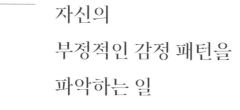

자신의
부정적인 감정 패턴을
파악하는 일

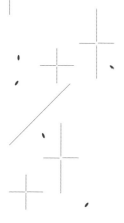

만날 때마다 불안한 사람들이 있다. 기분이 좋을 땐 너무나 유쾌한 사람이다가도 기분이 안 좋은 날이면 사소한 말에도 꼬투리를 잡고 말과 행동이 격해진다.

"짜증이 나는데 그럼 어떡해!"

그들은 아무렇지 않게 자신의 행동을 정당화한다.

어떤 감정도 나쁜 감정은 없다. 모든 감정은 허용된다. 그런데 모든 행동은 허용되지 않는다. 운전을 하는데 갑자기 다른 차가 끼어들어 놀랐다고 보복 운전을 해서는 안 된다. 학생들이 말을 듣지 않아 화가 난다고 해서 선생님이 학생들에게 체벌을 가해서는 안 된다. 연인의 반복되는 실수에 성질이 난다고 해서 그에게 거친 말을 내뱉어서는 안 된다. 감정을 억누르라는 말이 아니다. 감정에 적절하게 대처해야지, 충동적으로 반응하면 결국 자신이 지향하는 삶에서 멀어지게 된다.

그렇다면 어떻게 해야 자신의 감정을 잘 다스릴 수 있을까? 누구나 예민한 부분이 있고, '감정 패턴'이라는 것이 있다. 감정을 잘 다스리는 능력의 첫 단계는 바로 자신의 감정 패턴을 파악하는 것이다.

내담자 K는 광고회사에서 일한 지 5년 차다. 최근에 회의에서 팀이 함께 공을 들여 구상한 프로젝트 아이디어를 야심 차게 발표했는데, 클라이언트의 반응이 충격적이었다.

"대학교 4학년생들이 한 것 같네요."

그 말을 듣고 K는 좌절할 수밖에 없었다. 5년이나 이 일에 매진하며 달려왔는데 이런 피드백을 받다니, 순식간에 자신이 광고 쪽에 적합한 사람이 아니라는 생각이 들었다. 그 회의 이후로 기분이 가라앉고 더 이상 일을 할 의욕이 나지 않았다. 앞으로 어떤 일을 어디서부터 시작해야 할지 감이 잡히질 않아 불안했다. K가 느꼈던 이 과정에는 단계가 있다.

> **외부 자극** 클라이언트가 "대학교 4학년생들이 한 것 같네요"라고 말함.
>
> **생각** '나는 실력이 없어.'
>
> **감정** 절망감, 좌절, 불안 등.
>
> **신체 감각** 힘이 빠지고 몸이 무거움.
>
> **행동 충동** 일을 그만두어야겠다.

우리가 일상적으로 겪는 반응을 외부 자극, 생각, 감정, 신체 감각, 행동 충동 등으로 세분화해 보면, 어떤 감정적 사건이 어떻게 형성되고 확장되는지 이해할 수 있다.

'외부 자극'은 우리의 감정적 반응을 촉발시키는 사건이다. K의 경우, 클라이언트가 던진 말이다.

'생각'은 외부 자극이 들어왔을 때, 우리가 떠올리는 자동적인 사고이다. 이 단계에서 보통 자극에 대한 해석이나 평가가 빠르게 일어난다. 여기서 K의 해석은 자신에 대한 회의와 부정으로 이어졌다.

생각에 이어 감정이 형성된다. K는 자신의 능력을 의심하는 생각에 부정적인 감정들을 느꼈다. '감정'은 우리 몸이 우리에게 무슨 일이 일어났는지 알려주는 신호이다.

감정적 스트레스가 심해지면 소화가 안 되거나, 근육이 경직되거나, 머리가 무거워지는 등 다양한 '신체적 반응'을 겪게 된다.

마지막으로, 생각, 감정, 신체 감각을 통해 우리는 '특정 행동을 하고 싶은 충동'을 느끼게 된다. K는 자신이 광고 쪽에 적합하지 않다는 생각과 무기력감 속에서 일을 그만두고 싶다는 강한 충동을 느꼈다. 이 충동이 자주 반복되면 실제로 행동이 수반되기도 하며, 장기적으로는 특정 상황에 대한 회피, 무기력과 같은 패턴을 형성할 수 있다.

이 외부 자극, 생각, 감정, 신체 감각, 행동 충동까지의 과정이 우리 안에서 순식간에 일어난다.

K는 이 속상하고 불안한 마음을 팀원에게 털어놓았다. 그런데 자신처럼 절망하고 있을 줄 알았던 팀원이 이렇게 말했다.

"클라이언트가 생각한 그림과 우리의 내용이 달랐던 것 같아요."

그리고 그는 바로 수정 작업에 들어갔다. 이렇게 같은 사실을 두고 사람마다 해석이 다르고, 그렇기 때문에 느끼는 감정이나 반응이 다르다.

만약 K가 순간의 감정에 휩쓸려버리는 것이 아니라 "조금 더 세부적으로 설명해주세요"라는 식으로 보다 구체적이고 건설적인 피드백을 요구했다면 좀 더 효과적인 회의가 되지 않았을까? 그랬다면 부정적인 감정의 수렁에 써버린 에너지를 수정 작업에 쓸 수 있었을 것이다.

어떤 부정적인 감정이 들 때 그 감정에 휩쓸려가지 않기 위해서는 '배후에 있는 생각'을 점검해볼 필요가 있다. 사실이 아닌데 우리 자신과 타인에 대해 부정적으로 느끼게 하는 생각들을 인지 왜곡이라고 한다. 인지 왜곡은 무의식적으로 일어나기 때문에 이에 대해 제대로 알아두어야 이에 휩쓸리지 않을 수 있다.

흔한 인지 왜곡의 종류는 '모 아니면 도' 생각 패턴이다. 이는 중간이 없는 생각으로 흑백논리라고도 한다. 예를 들어, 야무진 결심을 하고 다이어트를 시작했는데 다급하게 처리해야 하는 업무 탓에 다이어트 식단을 준비할 시간이 없어 어쩔 수 없이 남아 있는 떡볶이를 먹었다. 그러고는 바로 '이번 다이어트도 실패야'라고 생각하며 포기해 버린다. 그 순간 이제까지 잘 해온 노력들이 물거품이 되고 자괴감이 밀려온다. 알람이 울리지 않아 회의 시간에 좀 늦었다고 해서 회의를 아예 취소해 버리거나 내가 무언가를 완벽히 끝낼 수 없을 거란 생각에 시작도 하지 않는 것도 '모 아니면 도' 생각의 결과이다. 이러한 패턴은 우리 삶에서 좋은 경험과 성장의 기회들을 빼앗아 가기 쉽다.

불필요하게 부정적인 감정을 느끼게 하는 생각은 과도한 일반화이다. 연인 사이에서 이렇게 말하는 경우를 들어봤을 것이다.

"너는 항상 네 멋대로만 해. 내 의견은 한 번도 물어보질 않잖아."

그런데 한번 잘 생각해보자. 상대가 정말 한 번도 내 의견을 물어본 적이 없을까? 이 말은 들은 상대는 방어적으로 나올 수밖에 없다. 그리고 결국 대화가 좋지 않게 끝날 확률이 높다. '날 이해할 사람은 아무도 없어' 같은 과도한 일반화는 우리를 좁고 암울한 세상에 갇히게 한다.

감정은 고정된 것이 아니라 늘 변화할 수 있는 것이다. 감정에 휩쓸려 살아간다면, 인생이 혼란스럽고 불안정하게 느껴지기 쉽다. 감정을 억누르거나 순간의 감정에 휩쓸리기보다는 시간을 갖고 찬찬히 그 과정을 들여다보자. 감정을 느끼기 전에 어떠한 외부 자극이 있었는지, 어떠한 생각을 했는지, 나만의 감정 패턴을 파악하는 연습이 필요하다. 이때 신뢰할 수 있는 사람에게 자신의 감정을 나누거나 일기를 쓰는 등의 방법이 유용할 수 있다. 이러한 실천이 쌓이다 보면 일상에서 긍정적인 변화들이 자연스럽게 따라온다.

자신에 대한 비판적인 태도를 줄이고 자신을 더 수용하게 될 때 이전보다 더 단단해지고 자신이 사랑스럽게 느껴질 것이다. 또한 감정 조절 능력이 높아지면 중요한 결정을 내릴 때 감정에 휘둘리지 않고 이성적이고 객관적인 판단을 할 수 있게 된다. 이러한 변화들이 더욱 건강하고 균형 잡힌 삶으로 우리를 이끌 것이다.

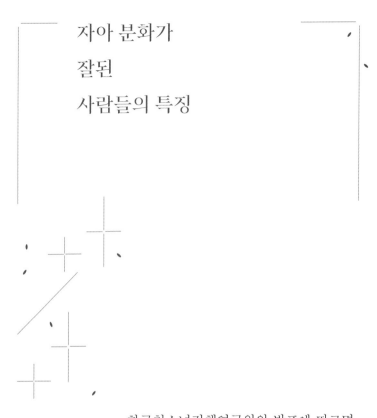

자아 분화가
잘된
사람들의 특징

한국청소년정책연구원의 발표에 따르면, 30세가 되어서도 자신을 성인이라고 느끼는 비율이 16퍼센트에 지나지 않는다. 요즘 서른은 스스로 '어른'이 됐다고 잘 느끼지 못하고 있다. 이전 세대에서는 안정적인 직장을 얻고 결혼을 하고 내 집 마련을 하는 과정에서 스스로를 어른이라고 여기곤 했다. 그에 비해 현세대는 어른의 타이틀을 얻기가 더 힘들어졌다. 이전에 비해 학업에 몸담고 있는 기간이 길어졌고, 평생 직장이나 직업의 개념이 사라지고 이직과 N잡러의 삶이 보편화되었으며, 서른이 넘어서도 경제적인 면에서 부모님으로부터 독립하기 어려운 경우도 많다. 결혼과 출산이 늦어지고 솔로나 딩크 부부의 삶을 선택하는 사람들도 많아지는 추세이다. 이런 상황에서 주변 사람들의 기대와 자신의 현실 차이로 인해 많은 청년들이 불안감을 경험한다. 세상이 변한만큼, 어른에 대한 평가 기준도 업데이트해야 건강한 정체성을 형성할 수 있을 것이다.

'어른'의 근본적인 정의는 스스로 선택을 하고 그에 따른 책임을 지는 사람이다. 이러한 정체성의 발달은 심리학에서 중요하게 다뤄져 왔다. 가족치료학자 머레이 보웬은 사람은 몸이 자라듯 자아도 성장해야 하고, 자아가 건강하게 성장하기 위해선 가족과 정서적인 분리, 자아 분화가 일어나야 한다고 말한다. 자아 분화는 자신을 다른 사람으로부터 구분하고, 자신의 생각과 감정이 다른 사람과 다르다는 점을 인지하는 것이다.

《혼인 및 가족 치료 저널Journal of Marital and Family Therapy》에 기재된 자아 분화에 대한 연구에 의하면, 자아 분화를 이룬 사람들의 핵심적인 특징은 정서적 자율성이다. 이는 자신의 감정과 필요를 명확히 이해하고, 이를 다른 사람의 감정이나 반응에 휘둘리지 않고 처리할 수 있는 능력이다. 정서적 자율성은 여러 가지 모습으로 나타난다. 예를 들어, 가까운 사람들이 자신의 생각에 동의하지 않아도 차분히 자신의 의견을 전달하고 스스로 판단하여 결정을 내린다. 자신이 아니라고 생각하는 일에는 적절하게 거절하며, 그것에 대해 죄책감을 느끼지 않는다. 그들은 자신에 대한 믿음이 있기 때문에 건강하게 뿌리내린 나무처럼 단단하다.

　　내담자 Y는 미국 LA에 거주하는 30세 초반 미디어 플래너이다. 그녀는 어머니에게 수시로 전화가 온다고 불평했다. 어머니가 부정적인 이야기를 잔뜩 늘어놓을 때면 자신도 기분이 상했다. 어머니가 갑자기 어디를 가자고 하면 미리 잡아놓은 약속이라도 취소해야 했고, 어머니의 생일이 다가오면 긴장이 된다고 했다. 일주일 내내 그녀를 만족시켜야 했기 때문이다. 최근에는 자신의 커리어에 좋은 기회가 생겨 뉴욕으로 이사하는 것을 생각했는데, 어머니가 자신과 너무 멀어진다고 반대했다고 한다.

　　"Y님은 어떻게 하고 싶으세요?"

　　나의 질문에 그녀는 한참이나 입을 떼질 못했다.

　　"저는 그 일에 도전해보고 싶은데, 엄마가 안 된다고 하니까…."

그녀에게 있어 어머니의 생각이 여전히 크고 중요해 보였다. 나는 Y가 자신의 관점과 어머니의 관점을 구분하길 원했다.

"커리어를 신경 쓰는 마음과 어머님의 요구를 들어드려야 한다는 의무감이 공존하는 것 같네요. 뉴욕에서 커리어를 쌓는 것이 이 시기에 Y님에게 중요한 일인가요?"

"그렇죠. 뉴욕에서는 저에게 주어지는 기회가 확실히 많아요. 그런데 어머님이 가까이 살고 싶어 하시는 것도 저에겐 중요해요."

"Y님이 그럼에도 불구하고 뉴욕으로 가기로 결정한다면 어떨 것 같아요?"

그녀는 인상을 찌푸리고 말했다.

"죄책감을 느낄 것 같아요. 어머니가 실망하실 테니까요. 그리고 불안해요. 제가 잘할 수 있을지. 결국 다 포기하고 돌아오는 것은 아닐지."

Y는 어머니로부터 정서적으로 독립을 하면 자신이 온전하지 않을 것 같다는 생각에 두려움을 느끼고 있었다. 관계가 깊게 융합되어 있던 사람들이 분리될 때는 서로에게 의존했던 감정적, 심리적 안전망이 흔들리면서 불안감이 생길 수 있다. 그런데 의존적 관계가 익숙하다고 해서 건강한 것은 아니다. 불

안하더라도 독립을 시도할 때, 우리는 더욱 안정적인 나와의 관계, 타인과의 관계를 만들어갈 수 있다.

Y의 사례에서 볼 수 있듯이 자아 분화에는 부모의 역할이 크다. 부모가 자녀의 감정과 선택을 존중하고 스스로 결정하도록 격려한 경우 자녀는 건강하게 홀로 설 수 있다. 그런데 어린 시절부터 자녀의 의견을 자주 비난하고 믿고 맡겨주기보다는 걱정하고 불안해하는 경우 자녀는 의존적 자아를 형성하게 된다. 의존적 자아는 자꾸 외부에서 자신을 찾으려는 성향을 보인다. Y의 경우처럼, 스스로 결정하지 못하고 부모의 의견이나 다른 사람의 의견을 따르려 하거나 인정에 갈증을 느낀다. 대학에서는 교수의 인정을 받으려고 하고, 직장에서는 상사와 동료들의 인정을 받는 데 급급할 수 있다. 그렇기 때문에 자신과 관련 없는 것들에 감정적으로 휘둘리는 경우가 많다. 다른 사람이 자신을 칭찬하면 기분이 하늘을 날아갈 듯하다가도 조금이라도 비난의 목소리가 들려오면 감정이 곤두박질치며 내려가곤 한다. 감정적으로 자유롭지 못한 것이다.

나는 몇 번의 상담 세션에 걸쳐 Y가 자신만의 독립성을 찾아가면서도, 안정감을 가질 수 있는 새로운 방법을 모색했다. 먼저 '자기 탐색'과 '정체성 강화'가 필요했다. 자신을 잘 아는 사람은 스스로에 대한 신뢰가 있다. 자기 인식은 우리가 독립을 할 때 무너지지 않도록 지지대 역할을 한다.

"혼자서 무언가를 잘 해내고, 스스로가 자랑스러웠던 적이 있나요?"

"인턴을 할 때 제가 광고 대행사와 협상을 맡게 된 적이 있었어요. 그때 시장과 타깃에 대한 이해를 바탕으로 효과적인 거래를 성사시켰고, 팀 내에서 칭찬을 받았죠. 저는 제가 늘 소심한 줄 알았어요. 그렇게 할 수 있는 사람이란 걸 처음 알게 된 경험이었어요."

이야기를 할수록 Y의 목소리는 더 커지고 어깨는 점점 펴지고 있었다.

스스로 의사결정을 내리고 자신의 성취를 인정하는 감각을 키워가는 것이 정서적 독립의 첫 단추이다. 그동안 다른 사람의 시선에 휘둘리며 자신의 가능성을 잊고 살아왔다면 이렇게 자신만의 성과를 되짚어보는 과정을 통해 자아를 더욱 단단하게 세워줄 수 있다.

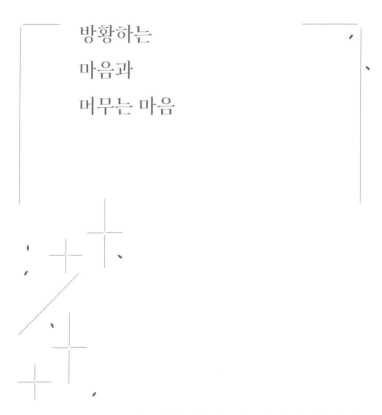

방황하는
마음과
머무는 마음

　　나는 한참 이런저런 생각에 잠겨 있다가 멍하니 나를 보고 앉아 있는 강아지 베일리를 보면 미소가 지어진다. 그 헤이즐색 눈 속엔 아무 생각이 없는 듯하다. 미래에 대한 걱정도, 과거에 대한 후회도 없어 보이는 베일리는 앞에 있는 나를 가만히 응시하다가 눈이 마주치자마자 꼬리를 흔든다.

　　단순하고 무구해 보이는 동물들과는 다르게 사람은 생각

을 많이 한다. 특히 서른이 넘어가면서 20대에 비해 친구를 더 가려서 사귀게 되고, 모든 결정에 더욱 신중해진다. 더 완벽한 선택을 하기 위해 우리는 종종 끊임없이 분석하고 확인하려 한다. 이러한 사고의 과잉은 오히려 우리를 더 불안하게 하며 원하는 목표에서 멀어지게 한다. 고민하다가 아무 결정도 못 하고 시간만 흘러가 마지막에 가서 터무니없는 선택을 하거나, 자기만의 생각에 휩싸인 나머지 휴식해야 하는 밤에 잠을 이루지 못한다. 또 다음 목표를 세우느라 함께 있는 가족이나 연인에게 집중하지 못하기도 한다. 이러한 상태를 영어로 흔히 '머릿속에 갇힌 상태(in your head)'라고 한다. 그래서 미국에서는 긴장하고 불안해하는 친구나 동료에게 '머릿속에서 빠져나와(Don't get in your head)'라고 조언한다. 지나친 분석과 고민을 멈추고, 지금 이 순간에 집중하며 여유를 찾으라는 의미이다.

과도한 생각은 우리로 삶의 소중한 순간들을 놓치게 만들 수 있다. 그래서 철학자들과 종교 지도자들은 '오버씽킹overthinking' 즉 과도하게 생각하는 것에 대해 경고했다. 1800년대 실존주의 철학자 쇠렌 키르케고르는 과도한 생각에 대해 '사색적 망설임'이라 칭하며 끊임없는 분석의 블랙홀에 빠지지 말고, 어느 정도의 믿음을 지니고 살아야 한다고 주장했다. 불확실한 상황에서도 앞으로 나아가는 용기가 필요하다는 것이다. 또한 부처가 된 싯다르타는 과도한 생각이 인간을 욕망과 밀착의 굴레에 엉켜버리게 해서, 인생이 고통스러워진다고 말했다. 그래서 명상을 통해 생각을 비우는 수련을 중요시했다. 예수님은 마태복음 6장 34절에서 "그러므로 내일 일을 위하여 염려하지 말라. 내일 일은 내일이 염려할 것이요, 한 날의 괴로움은 그 날로 족하니라"라고 말씀하시며 지나친 걱정과 불안을 피하고, 현재에 집중하라고 가르치셨다. 이러한 현재에 집중하는 상태의 유익은 철학적, 종교적 개념을 넘어, 이제는 과학적으로도 뒷받침되고 있다.

하버드대 심리학자 매트 킬링스워스와 대니얼 길버트는 아이폰 앱을 통해 설문조사를 실시했는데, 이 조사의 특징은 사람들이 일상생활을 하는 가운데 수시로 질문에 응답하는 것이다. 사람들은 자신이 현재 무엇을 하고 있는지, 어떤 생각을 하고 있는지, 얼마나 행복감을 느끼는지 보고했다. 그 결과, 설문에 참여한 사람들은 깨어 있는 시간의 47퍼센트를 현재 하고 있는 활동과 관계없는, 동떨어진 생각을 하며 보내는 것으로 나타났다. 그리고 정신이 방황하는 그 순간에 대부분의 사람들이 행복하지 않다고 보고했다. 이 결과는 방황하는 마음이 불행하다는 것을 보여준다.

그렇다면 머무는 마음은 어떤 모습일까? 이는 몸과 마음이 하나가 되는 상태이다. 발바닥이 잔디에 닿는 것을 느끼며 선선한 바람을 들이마셔 본 적이 언제인지 기억하는가? 현재에 집중하는 모습이란 생각을 비우고 오감에 집중하는 것이다. 식사를 할 때 향을 맡고, 식감을 느끼고, 내 앞에서 말하는 사람을 평가하지 않고 그저 바라보는 것이다. 아침에 기상할 때 '오늘 회의 시간에 이 얘기를 꼭 해야 해'라고 생각하는 것이 아니라 이불이 몸에 닿는 부드러움과 포근함을 잠깐 누리는 것이다. 이렇게 기원전부터 현인들이 강조한 현재에 머무는 상태를 요즘 사람들은 '마인드풀니스', '마음챙김' 혹은 '의식적 이완 상태'라고 부른다.

물론 언제나 오감에 집중할 수는 없다. 가끔은 과거로 가서 잘못한 행동은 없었는지 자기검열을 하며 자기계발을 하고, 미래를 걱정하며 준비하는 일도 필요하다. 그러나 하루 종일 방황만 한다면, 우리의 마음은 지쳐버릴 수밖에 없다. 늘 긴장되어 있는 마음은 타인과 연결되기 어렵고, 풀지 못한 스트레스가 몸의 질병으로 이어지기도 한다. 바쁜 와중에도 수시로 의식적 이완을 할 수 있을 때 우리는 더욱 여유롭고 평온한 삶을 누릴 수 있다.

펜실베이니아에 있는 웨스트체스터 대학교에서 마음챙김 명상이 구체적으로 어떤 효과가 있는지 실험해 보았다. 대학생 84명을 대상으로 우리가 가장 긴장하는 순간 중 하나인 입사 면접을 진행했다. 면접장에 들어가기 직전에 한 그룹은 간단한 영상 가이드를 통해 마음챙김 명상을 실천했고, 다른 그룹은 영양에 관한 영상을 시청했다. 그 후 압박 면접을 진행한 결과, 명상을 했던 그룹의 참가자들이 문제 해결 능력과 대인관계 기술, 고객 응대 능력, 협동 능력에서 현저히 높은 평가를 받았다. 그들은 명상을 하지 않았던 참가자들에 비해 더 차분했고, 면접 질문에 관련된 정보를 더 잘 기억해냈다.

연구자들은 그들의 높은 성과에 대해 명상이 불안을 낮춰주어 뇌가 더 활발하게 움직일 수 있도록 해주며, 또 집중력을 향상시켜 방해되는 요소나 부정적인 생각을 걸러내기 때문이라고 설명했다.

간단한 마음챙김 명상도 이러한 효과를 낸다. 그렇다면 주기적으로 명상을 하는 사람들은 어떤 차이를 보일까? 명상신경과학의 주요 연구자인 위스콘신대의 리처드 데이비슨 교수는 명상 수행을 오래 한 티베트 승려들을 신경과학 연구실로 모아 여러 가지 검사를 진행했다. 그의 연구진들은 MRI를 이용해서 명상이 뇌의 변화에 미치는 영향을 연구했다. 그 결과 승려들의 뇌는 다른 사람들의 뇌보다 많은 신경들이 연결되어 있었고 동시 통신이 강하게 관찰되었다. 그 말은 승려들처럼 명상을 지속해온 사람들은 뇌의 신경 연결이 강해져 감정 조절과 주의 집중에 유리한 상태를 유지할 가능성이 크다는 의미이다.

또한 하버드대 신경과학자 사라 라자 박사팀의 연구에서는 주기적으로 명상을 하는 사람들의 회백질 부피가 늘어나는 것을 발견했는데, 특히 전두엽에서 큰 변화가 관찰되었다. 전두엽은 기억력과 사고력, 집중력, 행동 조절력을 담당하는 부분으로 나이가 들면서 가장 많이 퇴화한다. 명상을 하지 않는 사람들에게선 나이가 들수록 회백질이 줄어드는 것이 보였다. 그런데 주기적으로 명상을 하는 50대의 뇌는 평균적으로 7.5세 젊은 것으로 나타났다. 또한 감정 조절을 담당하는 해마의 부피도 명상가들이 더 큰 것으로 나타났다. 우울증 환자와 PTSD 환자들은 회백질 부피가 보통 사람보다 적은데, 명상을 통해 부피를 늘릴 수 있었다. 이러한 사실을 알고부터 나는 명상을 실천하기 시작했고, 주변 사람들에게도 알리고 싶었다.

명상을 제대로 직접 배우고 경험하기 위해 나는 대학원 1학년 여름방학 때 태국의 코팡안 섬에 들어갔다. 한 달간 진행되는 200시간의 요가 지도자 과정을 수료하기 위해서였다. 그곳에서의 하루는 1시간 명상으로 시작한다. 기상 후 물 한 잔을 마시고 커다란 정자로 간다. 마룻바닥에 방석을 놓고 앉아 눈을 감는다. 처음에는 요가 지도자 강사들이 나를 지켜보고 있진 않은지, 모기나 도마뱀이 달려들진 않을지 신경이 쓰였다. 1시간이 어찌나 길던지, 말 그대로 좀이 쑤셨다.

오후에 진행된 이론 시간에는 명상의 방법에 대해 배웠다. 떠오르는 생각이나 올라오는 감정을 바라보고, 강물에 흘러가는 나뭇잎처럼 떠내려 보내는 것이다. 그렇게 외부보다는 나의 내면에 집중하기 시작하니 머릿속이 꽤나 소란스럽다는 걸 인지했다. 생각이 꼬리에 꼬리를 물고, 계획에 계획이 더해졌다. 다음 유튜브 영상에는 어떤 내용을 담을지까지 생각이 이어지곤 했다. 그럴 때마다 나는 '어떻게 명상을 하면서 또 콘텐츠 제작을 생각하고 있지?' 하는 평가적인 태도를 자제하려고 노력했다. 명상에 필요한 태도가 하나가 있다면 평가하지 않고 받아들이는 것이다. 나는 배운 대로 '인식하고, 수용하고, 흘려보내기(notice, accept, and let go)'를 연습했다.

일주일 동안 매일 1시간 명상 수련을 한 후, 요가원 원장과 질의문답 시간을 가졌다. 그는 그리스계 중년 남자였는데, 늘

흰색 린넨 상의와 바지를 입고, 미소를 머금고 다녔다. 눈이 마주칠 때마다 어찌나 뚫어지게 쳐다보며 인사하던지, 매번 부담스러웠다. 그는 야망 가득 찬 사업가로 30대를 보내다가 어느 날 문득 자신이 너무나 불행하다는 사실을 깨달았다고 한다. 그리고 자신의 욕망과 열정이 모두 어머니의 사랑과 인정을 받기 위한 몸부림이었음을 알게 되었다. 이후 요가를 하며 내적 평안을 찾은 그는 그 뒤로 요가 지도자를 양성하는 지도자가 되었다. 이렇게 자신의 얘기를 진솔하게 들려줘서 일까, 나 역시 그에게 나의 고민과 궁금증을 나눌 수 있었다.

"생각과 감정을 모두 흘려보내는 건 이제 할 수 있는데, 문제는 1시간이 너무 지루해요. 좀이 쑤셔요. 어떻게 해야 할까요?"

"평소에 머릿속이 많이 분주했나 봐요. 정글에 원숭이들이 이리 뛰고 저리 뛰는 것처럼 말이에요."

그는 팔을 휘두르며 원숭이 흉내를 냈다. 얄미웠다. 특별한 수를 알려주진 않았기 때문이다. 요행수는 없었다. 그저 소음에 익숙했던 나의 뇌가 조용한 새로운 일상에 적응할 시간이 필요했던 것이다.

이 섬에 오기 전 나는 가만히 앉아 있는 일이 없었다. 대학원을 가는 뉴욕 지하철 안에서 음악을 들으며, 오늘 발표할 내용을 긴장 속에 되뇌었고, 밥을 먹을 때 유튜브 영상을 시청했다. 시간이 남으면 콘텐츠와 여러 생각들로 분주했다. 무엇이라도 생산적인 일을 하고 있어야 하는데, 아무것도 안 하고 있으니 불안해 유튜브 영상이라도 계획하고 있었던 것이다. 원장님은 그것 또한 불안으로 인한 도피 행동이라고 했다. 그 불안은 나의 존재 가치에 대한 불안인 것이었다. 명상에는 내가 잠시 생산적이지 않아도, 그저 숨 쉬며 존재해도 괜찮다는 나의 가치에 대한 신뢰가 필요했다.

명상은 앉아서만 진행하는 것이 아니었다. 오전에 2시간, 오후에 2시간 진행된 요가 수련 또한 움직이는 명상으로 간주되었다. 특정한 몸을 만들기 위해 마인드 컨트롤을 하는 다른 운동들과 달리 요가는 몸을 사용하여 마음을 수련하는 활동이다. 첫 주에는 스마트폰도 사용할 수 없고 술도 허용되지 않는 요가 캠퍼스에서 어떻게 내가 한 달을 살 수 있을까 막막했다. 그런데 2주가 지나고 3주가 지나니, 내 마음에 변화가 느껴졌다. 요가 가는 길에 '행복하다', '감사하다'라는 말이 절로 나왔다.

하루는 아침 명상을 끝내고 바다를 바라보고 앉아 있는데, 잊었던 일상의 소중함에 눈물이 고였다. 어릴 적 수련회 캠프파이어 때 어김없이 진행된 부모님의 은혜를 회상하는 시간에 엄마를 부르며 울던 것과 비슷한 감정선이었다. '정신없게' 살고 있는지도 모른 채 지냈는데, 나의 몸을 수련함으로써 놓쳤던 마음의 속도를 늦추고 챙기기 시작하니까, 너무 익숙해서 당연하게 여겼던 일상이, 작은 것들이 소중하고 충만하게 다가왔다.

하루는 수련을 마치고 밤에 누워 별을 보고 있으니, 이 모든 별들이 나에게 '사랑해, 너는 소중한 존재야'라고 말하는 것만 같았다. 온 우주가 나를 사랑스러운 아기처럼 바라보고 있다는 생각에 따뜻하고 기뻤다. 도시에서 분주하게 사는 현대인들은 내가 미쳤다고 생각할지 모른다. 한 달 전만 해도 나도 그렇게 얘기했을 것이다. 그런데 나는 늘 사랑을 받고 있었다. 내가 몰랐던 것뿐이었다.

요가 지도자 과정을 마치고 뉴욕으로 돌아가 다시 바쁘게 일상을 살아가면서도 내 마음에는 고요하고 아늑한 공간이 자리 잡고 있었다. 발표를 앞두고 떨릴 때 크게 숨을 들이마시고 내쉬면 그 공간이 찾아졌다. 미래가 막막하게 느껴져 가슴이 뻐근하면, 눈을 감고 흥부를 이완시킴으로써 다시 평온함을 찾을 수 있었다.

우리는 항상 더 많은 것을 원하고, 더 나은 미래를 추구하지만, 어쩌면 진정으로 필요한 것은 마음의 공간을 비우는 일일지 모른다. 만족감은 저기 무지개 너머에서 찾아지는 것이 아니기 때문이다. 주변의 소음을 줄이고 내면에 관심을 가지면, 늘 거기 있었던 진정한 사랑을, 그로 인한 기쁨과 만족감을 느낄 수 있다. 우리는 생산적이지 않아도 대단하지 않아도 존재 자체로 충분하다고 느낄 수 있다.

당신은
직장인 A가
아니다

서른 즈음에 많은 사람들이 새로운 도전과 안정 사이에 갈등을 마주한다. 현실적인 문제에 직면하며 어릴 적 꿈이나 자신이 원하던 길, 사랑에 대한 이상을 미루거나 포기하게 되는 경우가 많다. 경제적 안정과 직장, 가족에 대한 책임감 때문에 더 이상 마음대로 움직일 수 없게 되면서 자유에 대한 욕구를 억누르게 된다. 자신만의 시간이 줄어들면서 자아를 실현할 여유 또한 제한적이게 된다.

미국에서 대학원에 다니고 있을 때 방학을 맞아 한국에 들어와 친오빠를 만났는데, 그의 모습이 너무 안쓰러웠다. 직장 생활에서 오는 스트레스로 인해 얼굴은 푸석해져 있었고, 잦은 회식으로 살도 올라 있었다.

"매일매일이 쳇바퀴 도는 것 같아."

그는 매일 출근해서 일하고 퇴근 후 술을 마시고를 반복한다고 했다. 일을 하며 오빠는 성격도 변해갔다. 요즘 그는 슈퍼 J이다. 언제나 다음 계획을 세우고 있었고, 시간이 뜨는 걸 견디기 어려워했다.

"오빠가 원래 이랬었나?"

내가 의문을 제시하자 오빠는 일을 하며 효율성을 추구하는 성격이 더 강화되었다고 말했다. 하고 있는 일 자체는 오빠와 잘 맞아 보였다. 그는 빠르게 계산해 효율적으로 트레이드를 성사시키는 일의 특성에 만족했다. 많은 트레이드를 성사시키면 칭찬도 듣고 자기 효능감도 높아졌다. 하지만 오빠가 내뱉은 말이 마음을 아프게 했다.

"그런데 지금은 여유가 너무 없어. 내가 느끼기에도."

홀랜드의 직업 선택 이론에 의하면 사람들은 자신의 성격

특성과 일치하는 직업을 결정하며 선택한 직업 환경이 해당 성격을 더욱 강화시킨다. 대학에서 만난 친구 A는 의사로 진로를 결정하면서 안전지향적인 성격이 더욱 강화되었다고 했다. 수술실에서는 작은 실수도 큰 재앙으로 이어질 수 있다. 그렇기 때문에 사소한 선택을 할 때에도 최대한 리스크를 줄일 수 있는 방향으로 결정해야 했다. 그 덕분에 일은 더 잘하게 되었다. 하지만 리스크를 회피하려는 성향 때문에 그는 병원 밖의 삶에서도 새로운 경험이나 기회로부터 자신을 제한했다. 새로운 취미도 만들기 꺼렸고, 새로운 사람과 굳이 친해지려고 하지 않았다. 그러다 어느 날 돌아보니 자신의 세상이 너무나도 좁아져 있었다.

잘 맞는 직업을 선택하고, 그로 인해 특정한 성격이 강화되는 것은 자연스러운 현상이지만, 내면의 균형을 잡기 위해서는 다른 욕구들을 돌아볼 필요가 있다.

친오빠는 어릴 적부터 곤충과 동물을 좋아했다. 그의 방에는 다채로운 풍뎅이들이 박제되어 있었고, 밤늦게 귀뚜라미의 합창소리를 따라가 보면 오빠의 책상 서랍 안이었다. 유학 중에도 오빠는 민물어항, 해수어항을 꾸미고 물고기와 새우 등을 키웠다. 지금의 직장 생활과 서울의 삶이 오빠가 꿈꾸던 삶은 아니었다.

　이렇게 균형이 깨져버린 일상생활 속에서 많은 사람들이 욕구를 그저 억누르기만 한다. 이미 군림하고 있는 '책임감'의 힘을 키워만 가는 것이다. 그러다 자신의 꿈과 원하는 삶이 희미해져 가는 것에 대한 슬픔이 올라오면 술로 망각해 버리거나, 가까이에 있는 사람들에게 분노를 토해내기도 한다. "나도 시간이 필요해", "내가 원하던 삶은 이게 아니야"라고 외치고, 그것에 상처를 받는 사람도 생긴다. 하지만 문제는 서로에게 있는 것이 아니라, 억눌러진 욕구가 울고 있기 때문인 경우가 많다.

　친오빠는 수족관 사장님이나 파브르 같은 곤충학자가 되진 않았지만, 그 가운데서도 자신의 욕구를 추방시키지 않았다. 주말이 되면 산 밑에 있는 부모님 집에 내려와 식물, 모래, 돌, 나무 등을 사용해 아쿠아스케이핑과 테라리움을 했다. 문을 꼭 걸어 잠그고 음악을 틀어 자연과 자신만의 고요한 교류를 최우선으로 했다. ("오빠 밥 먹어!" 하며 아무리 문을 두드려도 나오지 않았다.) 오빠 방에 가서 잘 살고 있는 개구리들과 물고기들을 보면, 그의 내면에 중요한 부분이 여전히 살아 숨 쉬고 있는 걸 느낀다.

안정된 직업과 가정을 꾸리는 등의 일은 많은 사람들에게 포기할 수 없는 가치이다. 그렇다고 해서 나의 필요와 욕구들을 완전히 포기해야 하는 것은 아니다. 우리는 직업에 많은 시간을 할애한다. 오전 9시부터 6시까지 주 5일 일을 한다면, 일주일에 40시간, 일 년에 2,080시간을 일하는 셈이다. 아무리 자신이 선택한 직업이라고 해도 그게 자신의 전부는 아니기 때문에 균형이 깨지고 지칠 수가 있다.

이때 주말과 휴일을 이용해 억눌려 있던 부분을 깨우고 우리 삶에서 필요한 균형을 찾는다면, 일상이 보다 만족스러울 것이다. 일을 하는 동안 나의 어떠한 부분이 억눌려 있을까? 먼저, 나의 직업이 어떤 특성을 지녔는지 생각해보자.

1. 나의 직업은 얼마나 사회성을 요구하는가?

직업적 특성으로 인해 다양한 사람들과 자주 만난다면, 주말에는 혼자 혹은 편안한 몇몇 사람들과 보내면서 사회성과 관련해 활동하는 뇌의 부분을 쉬게 할 수 있다. 친오빠는 회식이 워낙 많아서 휴일에는 사람과의 교류를 최소화해야 휴식을 취할 수 있다. 방에서 아쿠아스케이핑과 테라리움을 하고, 군대 동기와 배낚시를 떠나는 것이 전부다. 반대로 혼자 일하거나 매일 같은 사람들과 일하는 경우라면 새로운 사람을 만남으로써 내면에 통풍을 시켜줄 수 있다. 사람마다 사회성의 필요는 다를 수 있다. 나의 외향성 레벨을 파악하여 나에게 맞는 균형을 찾아가면 된다.

2. 나의 직업은 얼마나 창의성을 요구하는가?

무언가를 창조해내는 것은 사람의 원초적 욕구이다. 자신의 마음대로 결정하고 일을 벌여보는 주도성은 자존감에도 큰 영향을 준다. 회사에서는 사내 규정과 방식에 따라야 하는 일들이 많기 때문에 창의성을 발휘하는 데에 한계가 있을 수 있다. 나의 의견보다는 회사나 상사가 원하는 대로 일이 진행되는 때가 많을 경우 활력이 줄어들고 이는 번아웃으로 이어질 수 있다. 그렇기에 주말에는 내 마음대로 움직여보고, 요리해보고, 써보고 만들어보자. 특이하고 희한해도 좋다! 자기표현을 한다는 것만으로도 우리의 정신건강에 유의미하다.

나는 지난 4년간 심리학자로서의 자질을 개발하는 데 많은 시간을 할애했다. 타인의 말을 경청하고, 분석하고, 문제를 해결하는 데에 뇌가 많이 쓰였다. 그런데 어느 날 내가 친구와 대화를 나누는데 친구의 문제를 분석하고만 있는 내 말들이 너무 별로라고 느꼈다. 답답했다. 이전의 나는 더 재미있는 사람이었는데 말이다.

대학에서 나는 문예창작과 미술을 전공했다. 매일 상상력을 발휘해 소설을 쓰고 마음 가는 대로 색깔을 마구 섞어 그림을 그렸다. 대여섯 시간이 지나도 배고픈 줄, 시간 가는 줄 모르다가 쓰러져 자곤 했다. 케이팝 댄스 그룹을 만들어 스튜디오에 가서 몸을 맘껏 흔드는 것도 일상이었다. 지금 나는 내가 하고 있는 이 일을 좋아하지만, 내면 사회에서 계속해서 정리 정돈을 하고 있는 '심리학자' 예지를 가끔은 수면제를 먹여 잠재우고 싶다.

그래서 나는 한 달에 한 번씩은 그림을 그린다. 음악을 틀고 와인 한 잔을 따르고 창의 활동에 푹 빠진다. 최근에는 살사 동호회도 들어갔다. 즉흥적으로 춤을 출 수 있다는 면이 너무나 매력적이었기 때문이다. 나는 나의 직업이 아니다. 우리에게는 자신의 다양한 욕구들을 돌보고 재미있게 살 권리가 있다.

3. 나의 직업은 얼마나 신체적 활동을 요구하는가?

신체적 활동은 육체적 건강뿐만 아니라 정신적 건강에도

중요하다. 누구나 생각이 많아서 머릿속이 복잡할 때 가벼운 산책이나 러닝, 요가 같은 운동을 하고 오면 기분이 좋아지고 걱정이 사라지는 경험을 해본 적이 있을 것이다.

물론 신체적 활동이 문제를 해결해주는 것은 아니지만, 머릿속에서 과부화되는 위기를 넘어가게 해준다. 신체적 활동이 지속적인 스트레스에 놓여 있는 우리에게 잠시 질 좋은 휴식을 제공해주는 것이다. 장기적으로 운동이 건강에 유익한 것은 두말하면 잔소리다.

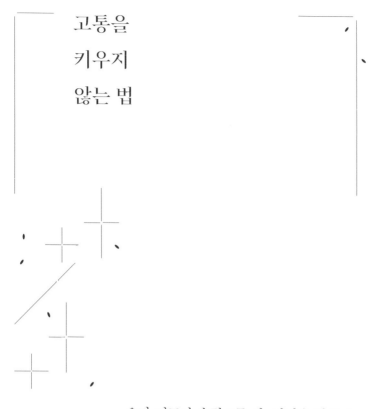

고통을
키우지
않는 법

요가 지도자 수련 3주 차, 저녁을 먹고 모인 어느 날 밤, 강당 분위기가 심상치 않았다. 원장님이 평소답지 않게 사나운 얼굴을 하고 우리에게 팔을 올리고 만세 자세를 취하라고 말했다. 그리고 무릎이 배꼽까지 올라오도록 뛰라고 했다. 가쁜 숨소리가 사방에서 들리고 얼굴에서 땀이 바닥으로 뚝뚝 떨어졌다. 그렇게 15분이 지났다. "스탑"이라는 말에 모두 안도하며 팔을 내리려는 순간, 원장님이 소리쳤다.

"그대로 들고 있어!"

그렇게 15분을 더 있으라고 했다. 여기저기에서 당황한 기색이 보였다. 더 이상 못하겠다며 팔을 내린 사람도 있었다. 나도 어깨가 욱신욱신 아파왔다. 원장님은 고통을 피하지 말고 바라보라고 했다. 또 고통 속에 깊은 심호흡을 이어가라고 했다. 고통을 두려워하거나 과장하지 말라고, 우리는 생각보다 강하다고 말이다. 그런데 정말 신기하게도 어깨의 고통을 바라보며 심호흡을 했더니, 고통이 줄어드는 것을 느꼈다. 15분이 다 지났다고 했을 때, 내가 정말 이렇게 해냈다는 게 신기했다. 또 앞으로 내가 어떤 일들을 해낼 수 있을까 기대가 되기도 했다.

우리는 고통이 찾아오면 본능적으로 그것을 피하려 하거나 과장해서 받아들이는 경향이 있다. 실제로 겪는 고통은 강도 10 정도일 수 있지만, 우리는 그 고통이 더 심해질 것이라는 두려움과 불안 때문에 이를 강도 100으로 과장해 느낀다. 고통을 피하지 않고 차분히 관찰하며 받아들이면 고통은 그 자체로 있는 그대로의 강도로 느껴질 뿐, 우리가 상상한 것처럼 극대화되지 않는다. 고통과 공포의 차이를 이해하고, 고통을 있는 그대로 바라볼 줄 알 때 우리는 그 속에서 오히려 평온함을 찾고 고통을 극복할 수 있게 되는 것이다.

티베트 불교의 영적 지도자인 욘게이 밍규르 린포체 스님은 어린 시절 온몸이 마비되는 불안장애와 공황장애를 경험했다. 그러자 불교 신자이며 명상가였던 그의 아버지는 그에게 공황을 마주하는 자세를 가르쳐주었다. 바로 고통을 환영하기 기법이다. 그의 연설에서 그는 공황을 명상으로 이겨낸 이야기를 들려주었다.

"공황이 찾아올 때 저는 '안녕, 공황아. 저리 가. 나 명상 중이야'라고 말했어요. 그런데 공황이 섬점 더 강해지는 거예요. 그래서 아버지께 명상이 도움이 안 된다고, 그래서 실망스럽다고 말했어요. 그러자 아버지는 공황을 내쫓으려 하면 안 되고 환영해야 한다고 말씀하셨어요. '공황은 명상에 장애물이 아니야. 공황이 있어도 괜찮고, 없어도 괜찮아'라고요. 참 이상하다고 생각했지만, 그 말은 그 후로 저의 명상하는 법을 완전히 바꿔놓았죠. 그리고 저는 공황과 친구가 되었답니다."

공황을 무서워하지 않고 받아들이게 된 밍규르 린포체 스님은 그 후로 공황장애를 더 이상 겪지 않았다. 물론 모든 공황장애가 이러한 마음가짐만으로 해결되지는 않을 것이다. 하지만 이러한 수용의 자세는 고통스러운 자극에 뇌가 반응하는 방식을 바꿀 수 있다는 사실을 보여준다. 고통을 받아들일 때 오히려 두려움에서 벗어나 더욱 침착하고 현명하게 대응할 수 있는 것이다.

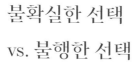

불확실한 선택
vs. 불행한 선택

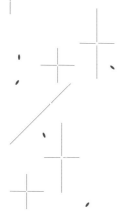

　　　　　최근에 친구는 내게 자신이 남자친구의 스마트폰을 자꾸 몰래 보게 된다고 털어놓았다.

"아무리 안 보려고 해도 누구와 무슨 이야기를 나누는지 궁금해서 계속 보게 돼. 이 사실을 남자친구가 알게 되면 나한테 정말 실망할 거야."

"그래서 봤더니 어때?"

내가 문자 볼 게 별로 없었다고 말했다.

"차라리 바람을 피운다는 근거가 있었으면 좋겠어. 그럼 헤어져 버리면 되니까."

그녀는 연인이 바람을 피우는 것 같다는 자신의 의심을 증명해주는 근거가 없다는 사실에 오히려 화가 나 있었다. 수년간 만난 연인이 바람을 피울 수도 있다는 작은 가능성이 실제 이별하여 느낄 아픔보다 더 두렵고 고통스러운 것이다. 이 불확실성에 대한 불안을 해소할 줄 모르면, 우리는 확실하지만 불행한 선택을 할 수 있다.

유니버시티칼리지런던UCL 신경학연구소에서 불확실성과 스트레스에 대한 다소 자극적인 연구를 진행했다. 참가자들에게 전기충격을 각기 다른 상황에서 가한 결과, 충격을 받을 확률이 50퍼센트인 상황에서 가장 큰 스트레스를 느끼고, 100퍼센트의 확률에서는 가장 적은 스트레스를 느낀다는 사실이 드러났다. 50퍼센트의 확률로 전기충격이 가해졌을 때, 사람들은 언제 또 충격을 받을지 가늠할 수 없어 계속해서 긴장감 속에서 추측해야 하기 때문에 스트레스 수준이 높았던 것이다. 차라리 남자친구가 바람을 피웠으면 좋겠다는 내 친구의 바람은 차라리 100퍼센트 전기충격을 받았으면 좋겠다는 바람과 같은 맥락이다.

나는 남자친구의 스마트폰을 자꾸 보게 된다는 친구에게 마음의 불확실성에서 오는 불안을 바라보는 연습을 하라고 권했다. 그 불편한 감정을 즉각적으로 해소하지 말고 견뎌보라고 말이다.

"너 그 사람 믿어?"

내 질문에 친구는 믿는다고 말했다. 그렇다면 남자친구에게 비밀번호를 알고 있다고 알려주면 어떻겠느냐고 제안했다.

"그럼 그 사람은 아마 비밀번호를 바꿀 거야."

"바로 그거야. 그럼 다시 스마트폰을 확인하지 않고 그 사람을 믿을 수 있게 되겠네."

그 친구는 알아들은 듯 미소를 지었다.

우리의 삶에서 많은 좋은 선택들이 불확실성을 내포한다. 불확실한 상황 속에서 우리는 가지고 있는 것을 잃을까 봐, 하고 있는 일이 잘못될까 봐 두렵다. 그리고 이 불안감을 견디지 못하면, 100퍼센트 전기충격을 받은 쪽을 선택하는 어리석은 결정을 내리게 된다. 나에게 상담을 받는 내담자들 중에는 자꾸 연인이 자신을 떠날까 봐 두려워 의심하고 캐묻다가 실제로 지친 연인이 그를 떠나버린 경우가 있다. 시험을 준비하다가 '나는 안 돼'라는 생각에 해보지도 않고 포기해 버리는 경우도 많다. 이를 자기충족적 예언이라고 한다. 이는 어떤 기대나 믿음이 실제 행동에 영향을 미쳐 그 기대가 현실로 이루어지게 만드는 현상이다.

불확실성을 마주할 때 우리는 종종 두려움에 휩싸여 그 불안을 피하려는 행동을 한다. 이러한 불안 회피가 오히려 우리가 원하지 않는 결과를 초래할 수 있다. 그렇다면 자기충족적 예언을 나에게 유익한 방향으로 이용해보자. 자신에 대한 신뢰와 가능성에 대한 열린 마음을 가져보자. 그러면 나에게 더 많은 기회를 제공하게 될 것이고, 가끔 불안이 올라오더라도 견뎌낼 수 있을 것이다. 이러한 선택들이 쌓이다 보면 보다 만족스러운 결과를 경험하게 될 것이다.

결과주의자에서
과정주의자로

　　　　내담자 A는 스무 살인 대학교 1학년이었다. 나를 처음 만났을 때, 그녀는 수능을 다시 봐야 하는데 도무지 의욕이 나지 않고 무기력해서 넷플릭스만 보게 된다고 말했다. 그렇게 아무것도 하지 못하고 하루가 지나가면 심한 자괴감과 우울감이 몰려왔다. 때로는 방에 있는 큰 창문 밖으로 자살 충동을 느낀다고도 말했다.

"상담을 통해 어떤 변화가 있길 바라나요?"

첫 만남에서 했던 나의 질문에 그녀는 더 생산적인 사람이 되고 싶다고 말했다. 또 수능에서 좋은 점수를 받아야 한다고 말했다. 그녀에게 왜 수능을 다시 보려 하느냐고 묻자, 그녀는 더 좋은 대학을 가야 자신의 가치를 증명할 수 있을 것 같아서라고 말했다.

"누구에게 증명해야 하죠?"

내가 묻자 집안 어른들이라고 했다. 어른들은 공부하라고 잔소리를 하며 친척들과 자신을 비교해왔다고 말했다. 어머니가 건강이 안 좋으셨을 때가 있었는데 그때 A에게 "네가 공부를 안 해서 엄마가 이렇게 아픈 거야. 앞으로 공부 열심히 안 할래?"라고 말하며 죄책감을 심어주기도 했다.

가족이란 사회 안에서 A의 가치는 수능 점수로 평가되고 있었다. 수능이 사람의 가치를 말해주다니 나는 너무나 안타까웠다. 수능은 한 사람의 한정되고 일시적인 능력을 평가할 뿐인데, A에게 수능 점수는 자신의 가치를 증명하는 일이자 아픈 어머니에 대한 의무처럼 여겨지고 있었다. 그래서 수능 공부를 하지 않고 있는 자신은 쓸모없고, 불효하는 자식이라는 결론이 나서 자살 충동까지 드는 것이었다.

심리학에서는 동기를 외재적 동기와 내재적 동기로 나눈다. 외재적 동기란 어떤 행동을 결과를 위해 하는 동기를 말한다. 수능 점수를 위해 공부를 하는 것, 승진을 위해 일을 하는 것, 우승을 하기 위해 골프 연습을 하는 것이 그 예이다. 인생을 살다 보면 이렇게 목표를 세우고 달려가야 할 때가 있다. 하지만 외재적 동기가 우리 대부분의 시간과 에너지를 끌고 갈 때 그 끝에서 우리는 허무감을 느낀다. 외재적 동기는 상대 평가의 규칙에 영향을 받기 때문이다. 경쟁을 하며 스트레스를 받고, 내가 승리하는 소수가 되지 못했을 때는 열등감과 좌절감을 피하기 어렵다. 승리한 소수가 되더라도 자신이 꿈꿔왔던 것만큼 그 결과가 만족스럽지 못한 경우도 많다.

반면에 내재적 동기란 그 행동 자체가 좋아서 하는 동기를 말한다. 2024 파리 올림픽에서 골프 종목에 참여하는 선수들에게 경기 전 이번 올림픽 출전의 목표를 적어 내라고 했다. 그러자 대부분의 선수들이 '메달권에 드는 것', '금메달을 따는 것'이라고 적었다. 그런데 미국의 스코티 셰플러 선수는 다른 목표를 적었다. 그것은 바로 '즐기기'였다. 그는 목표를 결과에 두지 않고 과정에 두었다. 그리고 놀랍게도 그런 그가 금메달의 주인공이 되었다.

수많은 프로 선수들과 함께 일했던 심리학 박사 드보라 그래햄은 과정에 집중하는 사람이 결과에 집중하는 사람보다 오히려 더 좋은 퍼포먼스를 낸다고 강조한다. 골프의 경우 결과에 목표를 둔 사람은 좋지 않은 샷을 쳤을 때 멘탈이 흔들리기 쉽지만, 과정에 목표를 둔 사람은 오직 현재 통제할 수 있는 것에만 집중하기 때문이다.

나는 A에게 시간 가는 줄 모르고 좋아서 했던 활동이 무엇이냐고 물어봤다. A는 고등학교 때 했던 학생기자 활동이 정말 재미있었다고 했다. 그 경험을 말할 때 그의 얼굴이 환해졌다. 나는 그에게 그 방향으로 에너지를 쏟아보라고 권했다. 그리고 몇 주 후 그가 나에게 좋은 소식을 전해주었다. A는 평소 자신이 좋아하던 언론사에 연락해 인턴 기자로 활동하게 되었으며 자신의 개인 블로그에 기사를 올리고 있다고 전했다. 그러면서 어느 때보다 활기차게, 하루하루를 생산적으로 보내게 되었다고 했다.

사회적 비교 이론에 의하면 우리는 불확실성에서 오는 불안을 줄이기 위해 남들과 우리를 비교한다. '내가 이 사람과 결혼하면 잘살 수 있을까?' 이 질문에는 확실한 답이 없다. '내가 이직을 하면, 손해일까?' 이 질문 역시 마찬가지다. 그런데 누군가 가본 길이라고 하면 마음이 조금 놓인다. 그래서 남들이

하는 경쟁에 뛰어들게 된다.

한국 학교에서는 전교 등수가 잊을 만하면 서로가 경쟁자라는 사실을 상기시킨다. 또 전국의 학생이 치르는 수능은 얼마나 더 좋은 점수를 얻느냐의 싸움이다. 그래서 결과에 집착하는 현상이 생긴다. 고3 때 보는 수능을 위해 우리의 행복을 몇 년 치나 미룬다. 이러한 사회적 교육 구조는 어쩌면 우리에게 이런 메시지를 주었을지도 모른다. '행복은 멀리 있는 것', '행복은 길고 치열한 경쟁에서 이긴 자만이 갖는 것.' 그리고 성인이 되어서도 이러한 생각에 붙들려 살아간다면, 끊임없이 다른 사람들이 하는 경쟁에 뛰어들어 자기 자신의 만족감에서 오는 행복보다는 상대적 박탈감이나 패배감과 더 친하게 될 것이다.

미국에 처음 갔을 때 나는 유대인 사립학교에 진학했다. 그곳은 한국 학교와는 다른 부분이 많았는데, 그중 하나가 등수 개념이 없다는 점이었다. 학생들끼리 서로 몇 점을 받았는지 몰랐고, 점수를 물어보지도 않았다. 한국에서는 선생님이 교단 앞에서 우리가 배워야 할 지식을 가르쳤다면, 여기에서는 원으로 둘러앉아 서로의 생각을 공유했다. 한국 유학생들만 3~4년 전부터 학원에 다니며 입시시험 공부를 했고, 미국 친구들은

고 3이 되어 자신의 일정에 맞을 때 시험을 치렀다. 당시 대학 진학에 입시시험 점수는 평가의 일부분이었다. 각 학생이 어떤 생각을 하는지, 어떤 열정을 갖고 있는지가 더 중요하게 다뤄졌다.

당시 나는 재미있어 보이는 건 모두 했다. 필드하키, 라크로스 등 처음 접해보는 스포츠팀에 들어가서 매일 학교 수업이 끝나면 연습하고, 다른 학교 학생들과 경기를 했다. 춤 동아리를 만들어 춤을 추었고, 방과 후에 남아서 그림을 그렸다. 또 좋아하는 소설 읽기를 통해 영어 어휘력을 늘려갔다. 그리고 입시에 이 모든 나의 취미가 반영되었다. 나는 내가 유학을 하며 겪은 심리적 어려움과 그것을 나름대로 어떻게 해석하고 극복했는지에 대한 경험을 자기소개서에 적었다. 그래서 존스홉킨스 대학교의 입학통지서는 나란 사람에 대한, 내가 살아온 인생에 대한 '멋져요! 앞으로도 잘 해봐요'라는 인정이자 응원으로 느껴졌다.

식물이 시들시들하다고 우리는 식물을 탓하지 않는다. 좋은 주인이라면 "넌 왜 이렇게 나약해!"라고 말하는 대신에 물을 충분히 주고 있는지, 햇볕은 적당히 받고 있는지, 영양분이 더 필요한지 환경을 점검할 것이다. 사람도 마찬가지다. 사람이 잘못된 것이 아니다. 우리는 환경에 반응하고 있는 것이다.

마음이 불안해지고 자신을 자꾸 다른 사람과 비교하게 될 때, 먼저 자신을 둘러싼 환경을 돌아봐야 한다. 우리는 타고난 경쟁자가 아니라 각자의 고유한 길을 가는 사람들이다. 스스로의 생각과 경험을 존중하며 성장할 수 있는 환경을 만드는 것이 결국 우리가 직접 해야 하는 과제이다.

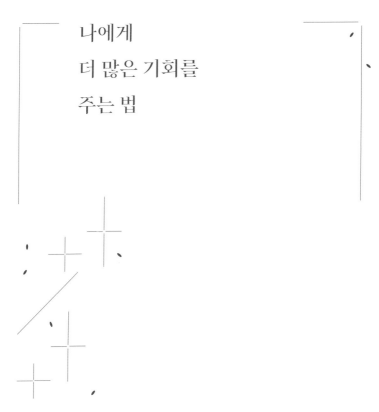

나에게
더 많은 기회를
주는 법

내담자 K는 일러스트 디자이너이다. 대학을 졸업하고부터 이 일을 해왔지만, 연차가 쌓일수록 일이 자신과 잘 맞지 않는다고 느껴왔다. 클라이언트의 요구에 따라 작업을 해도 마음에 들어 하지 않는 사람들이 있기 마련이었다. 급한 데드라인에 맞춰 수정 작업을 하느라 밤늦게까지 일하는 날도 많아서 피로가 쌓였고, 프리랜서 디자이너들이 많아지면서 단가도 많이 내려가 일 자체에서 느끼는 보람도, 금전적 보상도 부족하게 느껴졌다. 전망이 좋지 않다고 판단해 앞으로 계속 이 일을 할 수 있을지도 걱정이었다.

"다른 일도 생각은 해봤어요. 선생님."

내가 어떤 일인지 물어보자 그는 어릴 적 학교 폭력과 어른들의 학대로 힘든 시기를 보냈는데, 한 사회복지사가 상담을 해주며 자신의 상처에 귀 기울여주고 따뜻하게 대해주었던 경험이 큰 힘이 되었다고 말했다. 그리고 지금 자녀들을 지역아동센터에 보내는데, 그곳에서 아이들이 보호받고 배우는 걸 보면서 참 의미 있는 일 같다고, 해보고 싶다고 했다. 그러면서 말을 이었다.

"그런데 디자인을 포기하면 안 될 거 같아요."

그녀가 말했다.

"음, 포기한다는 말이 인상적인데요. 왜 새로운 기술을 배우고 새로운 직업에 도전해보는 일을 디자인을 포기하는 것이라 표현할까요?"

그녀는 곰곰이 생각하더니 답했다.

"어릴 적부터 가족들은 제 그림 실력이 신이 주신 달란트라고 말하며 이를 꼭 사용해야 한다고 강조했어요."

그녀의 내적 갈등이 더욱 이해가 되었다. 그녀에게는 그림

그리는 것 외에 다른 모습으로 살아갈 마음의 자유가 주어지지 않았던 것이다.

우리 주변에는 자신의 생각이 마치 진리인 것처럼 이야기하는 사람들이 더러 있다. 다른 사람의 말은 그저 서로 다를 수 있는 한 개인의 관점일 뿐, 거기에 큰 의미를 부여한다면 내 인생의 주도권을 다른 사람이 가져가게 된다. 나의 행복과 건강은 누가 책임져주지 않는다. 그렇기 때문에 더 합리적이고 나 자신을 위한 판단을 할 수 있도록 직감을 갈고 닦는 것이 중요하다.

"다른 일을 한다고 해서 꼭 디자이너 K이길 포기하는 건 아닐 거예요. 이제까지 쌓아온 커리어와 노하우를 다른 일에 사용할 수도 있죠."

지금까지의 이야기와 다른 나의 관점을 듣고, K는 아이들을 위한 따뜻한 동화를 제작해보는 것이 오래전부터 꿈꾸어 온 일이라고 말했다.

"K님에게는 여러 모습이 있어요. 하나에만 끼워 맞추지 말고, 자신의 다양한 가능성에 기회를 주면 어떨까요?"

내가 제안하자, 그녀가 말했다.

"소름이 끼쳤어요. 제가 너무 듣고 싶었던 말인가 봐요."

내가 의도하지 않았지만, 자신에게 기회를 주라는 말에 그

녀는 위로를 받았다. 그녀의 억압받던 욕구가 그 정당성을 인
정을 받는 순간이었다. 이윽고 K가 말했다.

"좀 용기가 나네요. 동화책 공모전에 도전해볼 거예요. 어
떻게 되든 간에."

우리가 다른 사람들의 다양성을 인정해줘야 서로 어울려
살아갈 수 있듯이 우리 안에 다양성을 포용해줄 때, 서른의 우
리는 보다 나다운 삶을 꾸려갈 수 있다.

가면 증후군에
걸린
사람들

자신을 있는 그대로 받아들이고 자신답게 살아간다면 가장 행복할 텐데, 그렇지 못하게 하는 심리적 장벽이 하나 있다. 바로 '가면 증후군'이라는 심리이다. 가면 증후군이란 성공한 사람들이 자신의 성공을 노력이 아닌 운으로 돌리고 실제로는 자신이 무능력하고 볼품없다고 생각하는 것이다. 그들은 스스로를 가짜라고 믿으며 자신의 실체가 들통 날까 봐 늘 불안해한다.

어린 시절부터 유명한 배우였던 나탈리 포트만은 하버드 대학교에 붙었을 때, 그 사실을 있는 그대로 받아들이지 못했다. 그녀는 자신이 우수한 인재여서 하버드대에 입학한 것이 아니라 알려진 배우이기 때문이라고 오랫동안 생각했고, 그래서 자신의 부족함이 드러날까 봐 늘 조심하고 방어적인 자세를 취했다. 그녀는 하버드대에 다니는 동안 관심도 없는데 어려워 보이는 수업을 듣고, 모르는 게 있어도 누구에게도 물어보지 않았다. 그녀는 겉으로 보기에는 그저 성실하고 독립적인 학생으로 보였을지 모른다. 그러나 가면 증후군에서 비롯된 끊임없는 불안은 몹시도 외로운 고통을 가져온다. 그리고 이는 불면증이나 우울증으로 이어지기도 한다.

가면 증후군의 명확한 행동 패턴이 있다. 첫 번째, 지나치게 성실하다. 가장 일찍 출근하고, 가장 늦게 퇴근한다. 주말이나 휴일에도 마음 편히 쉬지 못하기 때문에 수시로 이메일을 확인하고 일을 한다. 또한 평소에 조금의 흐트러짐도 용납하지 못하는 완벽주의적인 성향을 보인다.

두 번째, 도움을 청하지 않는다. 어려운 문제를 마주해도 누군가에게 도움을 청했다가는 자신의 부족함이 들통날까 봐 두

렵기 때문에 차라리 혼자서 끙끙 앓는 편을 택한다. 사람은 서로에게 의견을 물어보고 피드백을 받으면서 배우고 성장하기 마련이다. 하지만 가면 증후군에 걸린 사람들은 인생에서 그런 기회가 자주 없기 때문에 뒤처지기 쉽다.

미국 대학에서 수학을 전공하는 학생들을 조사한 결과, 흑인 학생들이 다른 인종 학생들보다 중도에 학업을 포기할 확률이 꾸준히 높게 나왔다. 분명 입학할 때는 다른 인종 학생들과 실력이 비슷했는데 말이다. 그 이유를 파악하기 위해 한 연구에서 인종별로 공부하는 방식을 분석해 보았다. 그러자 백인들과 동양인들은 대부분 모여서 함께 공부했고, 모르거나 헷갈리는 부분은 서로에게 도움을 구했다. 반면에 흑인들은 수업이 끝나면 기숙사에서 혼자 공부했고, 수업 시간에 모르는 부분이 있어도 잘 질문하지 않았다.

교육학자와 심리학자들은 이러한 모습의 원인으로 '고정관념의 함정'을 꼽는다. '흑인은 수학을 잘 못한다'라는 고정관념 때문에 흑인 학생들은 더 잘해야 한다는 압박과 불안을 느끼고, 이를 바탕으로 하는 행동들이 오히려 이들의 발전을 막고 있다는 것이다.

스타벅스 창업주인 하워드 슐츠 등 사회적으로 성공하고 인정받는 많은 사람들도 가면 증후군으로 힘들어하고 있다. 그 이유가 무엇일까? 거기에는 성장 배경의 영향이 크다. 특히 타인의 기대를 많이 받으며 성장했을 경우, 그 기대에 부응해야 한다는 불안함이 작동한다. 배우 에밀리아 클라크는 〈왕좌의 게임〉에서 용의 어머니 역할로 많은 인기를 얻었다. 그런데 사람들의 관심과 사랑을 가장 많이 받던 그때에 그녀는 불안에 시달렸다. 그러던 어느 날 그녀는 운동을 하다기 갑자기 정신을 잃고 말았다. 당시에 그녀는 '나는 사실 이러한 사랑을 받을 만한 사람이 아닌데, 앞으로 어떻게 기대에 부응하지?'라는 생각에 심리적으로 큰 압박감을 느끼고 있었다고 한다. 가면 증후군을 겪고 있는 사람에게는 성공의 자리도 두려움으로 다가오는 법이다.

부모가 자라면서 아이에게 성공에 대해 지나치게 압박감을 주었다면, 그는 성인이 되어서도 그 버거움을 짐으로 지고 다니게 된다. 부모와의 관계는 자신의 존재 가치와 연결되어 있는데, 내가 성공을 해야만 부모님이 기뻐하고 인정해준다면 나 그대로는 가치가 없다는 결론이 내려진다. 그래서 아무리 노력하여 성공을 해도 불안감은 가시질 않는 것이다. 언제라도 실패하면 자신의 가치는 추락할 것이라 생각하기 때문이다. 그래서 가면 증후군을 겪고 있는 사람들은 쉽게 도전하지 못한다.

실패하면 큰일이기 때문이다.

내가 컬럼비아 대학원 입학통지서를 받았을 때, 나는 백인 친구에게 이렇게 말했다.

"내가 어떻게 합격했는지 모르겠어. 외국인 전형 같은 특혜가 있었던 게 아닐까?"

그러자 그는 갸우뚱하며 되물었다.

"그게 무슨 말이야. 컬럼비아 대학원에 들어가고 싶어 하는 외국인이 얼마나 많은데. 당연히 네가 충분한 실력을 갖췄으니깐 합격한 거야."

그의 이야기에 나는 따뜻한 위로를 받았다. 그리고 내가 왜 나의 자격에 대해 의문을 가졌을까 의아했다.

나는 뉴욕 동네에 위치한 작은 서점에서 수첩을 구입했다. 그 수첩을 '빅토리 로그Victory Log'라고 이름 짓고 나의 작고 소소한 성취들을 기록하기 시작했다. 남편 존도 초대해 각자, 또 서로를 위해 적어주기로 했다. 존은 내 목록에 다음과 같이 적었다.

- 예지는 파스타를 아주 맛있게 만든다. 나는 행운아다.
- 이번 학기 예지가 전 과목 A를 받았다.
- 예지가 2년 전에 시작한 유튜브 팔로워가 4천 명이 되었다.

나도 그의 목록에 내용을 써 내려갔다.

- 존이 듣는 카피라이팅 수업에서 모두가 존과 일하고 싶어 한다.
- 존은 프로젝트 세 개가 겹치는 바쁜 날을 보내고도 나와 함께 하는 저녁 데이트에 온전히 집중해 좋은 시간을 보내주었다. 스트레스와 시간을 잘 조절하는 그가 참 멋있고 고맙다.

마음이 불안한 날, 나 스스로의 자격을 의심하게 되는 날 이 기록을 읽으면 비로 기분이 좋아지곤 했다. 이는 실수 한두 가지로 인해 올라오는 자괴감에 강력한 치료제가 된다.

가면 증후군은 무엇이든 혼자 해내야 한다는 압박감에서 비롯된다. 이때 나와 비슷한 배경을 지닌 사람, 비슷한 일을 잘하고 있는 사람을 찾아 이야기를 나눠보면 그 압박감이 조금 덜어진다.

내가 3년의 공부와 실습을 마치고 인턴십을 하고 있을 때, 컬럼비아 대학원 학교심리학과에 관심이 있는 한국계 미국인에게서 이메일이 왔다. 그 친구는 나의 제2의 고향인 볼티모어에서 학교 선생님으로 일하고 있었다. 이 과에 진학하고 싶은데 자신과 잘 맞을지, 어떻게 준비해야 할지 모르겠다며 나의 경험을 들려줄 수 있느냐고 청했다. 그 친구와 온라인상으로 만나 대학원 과정에서 있었던 경험에 대해 나누는데, 나중에는 내가 더 신이 나서 말을 이어가는 걸 발견했다. '나도 저렇게 열정과 궁금증만 가득할 때가 있었지' 하는 생각이 들면서 여기까지 잘 걸어온 이제 많은 것을 습득한 내 자신이 뿌듯해졌다. 그때 멘토를 찾는 것도 도움이 되지만, 멘토가 되어주는 것도 스스로에게 유익하다는 사실을 알게 되었다.

Part 2

심리학이 알려주는
더 나은 인생

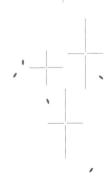

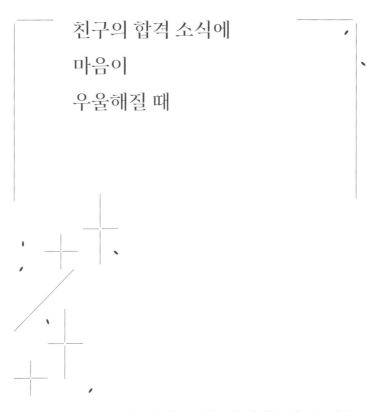

친구의 합격 소식에
마음이
우울해질 때

존스홉킨스 대학교에 다니는 친구들 가운데 함께 치과 대학원을 준비하는 커플이 있었다. 그들은 대학 4년 내내 함께 지냈는데 졸업하자마자 이별을 했다. 여자친구가 먼저 치대에 합격했는데, 남자친구의 반응이 너무 의외였던 것이 갈등의 시작이었다. 연인의 합격 소식에 진심으로 축하해주기보다는 "네가 어떻게 합격했지?"라는 반응이었던 것이다.

그녀는 충격을 받았고, 앞으로 그와는 함께 하지 못할 것 같다는 생각이 들었다. 그렇게 4년의 연애가 끝이 났다.

그는 오랜 시간을 함께 지낸 연인의 합격을 왜 진심으로 축하해주지 못했을까? 자신의 가치를 다른 사람들과 비교하여 상대 평가하고 있는 상태에서는 주변 사람들의 성취와 행복을 진심으로 기뻐해주기 어렵다. 그 사람의 성취는 곧 자신의 가치 하락으로 여겨지기 때문이다.

우리는 모든 사람을 자신과 비교하지 않는다. 자신과 비슷해 보이는 사람과 스스로를 비교한다. 나는 가수 아리아나 그란데를 보면 그녀의 아름다움과 노래 실력에 감탄한다. 아리아나 그란데는 나와 너무 다른 사람이기 때문에 나는 그녀와 나를 분리해서 볼 수 있다. 그런데 컬럼비아 교육대학원을 같이 나온 동기가 잘되면 얘기가 다르다.

최근에 동기가 OECD(경제협력개발기구) 교육부 파리 지사에 합격했다는 소식을 들었다. 그 소식을 듣고 기뻐해주는 마음이 90퍼센트였다. 그런데 10퍼센트 불안한 마음이 올라왔다. 같은 대학원을 나온 친구가 국제기관에 취직했기 때문에 나의 모습이 상대적으로 부족해 보였던 것이다. 그래서 차분히 생각을 해봤다.

'누군가가 나에게 그 자리를 준다면, 나는 기뻐할까?'

답은 아니었다. 나는 유럽에서 살고 싶다는 생각을 해본 적이 없었다. 전문가 과정이 끝나면 한국에 가서 살 계획이었다. 또 나는 내담자를 직접 만나 상담하고, 그들이 심리적으로 더 건강해지는 것을 매일 지켜보고 싶었다. 심리검사, 심리치료, 상담 분야에서 경험을 쌓아온 나와 달리 내 친구는 국제기관에서 꾸준히 경험을 쌓아왔다. 나는 이렇게 의식적으로 비교심리를 걸러냈다. 그러고 나니 자신만의 길을 걸어가는 친구의 취직을 전심으로 축하해줄 수 있었다. 그리고 지금 그녀의 아기자기한 파리 아파트에서 크루아상을 먹으며 이 책을 쓰고 있다.

몽마르트르 언덕에서 초콜릿 크레이프를 먹으며 나는 내가 사실은 그녀를 부러워했다고 고백했다. 그러자 친구는 "그렇게 얘기해준 사람은 처음이야"라고 말하며 고마워했다. 그리고 꿈에 그리던 도시이고 직장이었는데, 막상 와보니 사람 사는 곳이 다 똑같다며 자신의 속 이야기도 솔직하게 털어놓았다. 비교심리를 내려놓음으로써 나는 친구와 더 연결될 수 있었고, 그 친구로 인해 파리를 더욱 편안하게 즐길 수 있었다.

자신과 비슷해 보인다고 해서 모두 같은 길을 가야 하는 것은 아니다. 내가 다른 사람의 길에 들어가 경주를 한다면, 얼마나 무의미할까? SNS에서 친구가 올려놓은 삶의 단면을 보고 내가 뒤처지는 것처럼 느껴진다면, 멀리서 비교할 것이 아니라 말을 걸어보자. 그 친구가 실제로 어떤 경험들을 하고 있는지 그 SNS 포스트로는 알 수 없다. 좋은 곳에서 맛있는 걸 먹고 있는 친구에게 말을 걸었다가 친구의 파혼 소식을 들은 적이 있다. 그 친구가 정말 필요했던 건 부러움이 아니라 관심과 위로였을지 모른다는 생각이 들었다.

우리가 서로의 SNS만 보고 서로를 안다고 생각한다면, 또 그것을 통해 자기 연민만 일삼는다면 굉장히 외로운 사회가 될 것이다. 각자의 개별성을 존중하고 각자의 여정에 증인이 되어줄 때, 우리는 진정으로 함께할 수 있다.

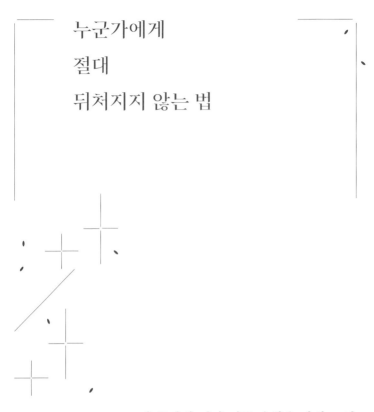

누군가에게
절대
뒤처지지 않는 법

10대 중반에 떠난 미국 유학을 마치고 서른이 넘어 한국에 돌아와 오랜만에 친구들을 만났을 때, 묘한 긴장감이 흘렀다. 누구는 살이 쪘고, 누구는 살이 빠졌다. 누구는 7년 차 직장인으로 세월만큼 연봉이 늘었는데, 누구는 아직 공부 중이다. 한 친구는 결혼 소식을 전하고, 다른 친구는 이별 소식을 전한다. 결혼한 친구들 사이에서는 집 평수 얘기가 오간다.

이렇게 서른이라는 같은 시기를 지나고 있지만 우리가 처한 각자의 상황과 처지는 저마다 다르다. 그리고 그때 우리 자신을 다른 사람과 비교하는 비교의 함정이 우리의 인생에 자리 잡게 된다. 비교의 '함정'이라고 말하는 이유는 비교의 대상은 끝이 없고, 그래서 비교하는 사람은 결국 누구도 이길 수가 없기 때문이다

우리가 이렇게 비교를 하는 이유는 우리가 '더' 세상에 살기 때문이다. '더 능력 있는', '더 행복한', '더 좋은 곳으로 휴가를 가는', '더 멋진 배우자', '더 좋은 학벌', '더 좋은 아파트', '더 좋은 차'가 있는 세상 말이다. 더 나은 걸 보고 부러움을 느끼는 건 자연스럽지만, 내가 세운 성공의 기준이 확립되지 않은 채 타인의 화려한 삶의 모습에 계속해서 노출되면, 늘 자신이 부족하다는 생각이 들 수밖에 없다.

오랜만에 만난 친구 S의 안색이 너무 안 좋아 보였다. 친구는 안정된 직장에 다니고 있었다.

"지금 정도로 벌어서는 만족할 수 없어."

그녀는 현재 자신의 연봉이 턱없이 부족하다고 했다. 어느 날은 지인이 잘나가는 스타트업 대표를 소개해준다고 제안했

다. 그녀의 직업상 알아두면 좋은 사람이었다. 그런데 그녀는 자신과 비슷한 또래의 스타트업 대표를 만나면 자신이 초라해 보일까 봐 나가지 않았다고 한다. 그녀는 많은 부분에서 자신의 가치를 상대 평가하고 있었다. 자신보다 좋은 커리어의 상대를 만나면 '나는 왜 저렇게 못 할까' 하는 생각에 힘들어했고, 온몸에 염증이 나서 아플 때에도 '나는 왜 이렇게 몸이 약한 거야' 하며 자신을 비난했다. 다른 친구가 잘나가는 연인을 만난다고 하면 '나는 뭐가 부족해서 지금 남자친구를 만나야 하지' 하는 생각이 들면서 자신의 연인이 못마땅해 보였다.

서른이라는 나이는 많은 사람들이 인생의 전환점을 느끼는 시기이다. 자신의 삶을 돌아보고 성취와 목표에 대해 다시 생각하는 시기인 만큼 아직 이루지 못한 것들에 대한 실망감과 불안감도 크다. 그래서 우리는 더욱 주변 사람들과 자신의 성취를 비교하고 경쟁에 뛰어든다. 요즘 서른들은 비교하고 경쟁하는 분야도 다양하다. 일은 물론이고, 연애, 결혼, 외모 관리에 자기계발, 취미까지 말이다. 그래서 하루하루를 바쁘고 분주하게 보내는 것 같다.

'해야 한다'라고 생각하는 일이 많을 때, 우리는 시간이 부족하다고 느끼게 된다. 이러한 '결핍 마인드'는 "시간 아까워", "시간만 낭비했네" 등 우리가 자주 사용하는 말에도 녹아 있다.

바쁘다고 꼭 잘 사는 것일까? 많은 사람을 만나고 많은 프로젝트를 진행하다 보면, 내가 중요한 일을 하고 있다고 착각하기 쉽다. 그런데 나의 우선순위를 모른 채 분주하게 살다 보면, 남의 경주를 뛰고 있을 수 있다. 정작 내게 의미 있는 일과 관계는 놓치면서 말이다. 그래서 나중에 열심히 살았는데도 허무함을 느끼는 경우가 많다.

친구 N은 나와 비슷한 시기에 유학을 고민했지만 망설였다.

"적은 나이가 아닌데 언제 유학을 또 다녀와. 결혼도 해야 하고 경력도 쌓아야 하는데 시간이 없어."

N은 나이로 인한 사회적 압박을 느끼고 있었지만 진정한 목표나 확고한 바람은 느껴지지 않았다. 시간이 지나 내가 3년 동안 석사와 전문가 학위를 따고 귀국했을 때, N은 충격을 받았다.

"아니 벌써 3년이 지났단 말이야? 네가 유학 간다고 했던 게 엊그제 같은데 … 나는 그동안 뭐 한 건지."

"뭘 하긴, 열심히 살았잖아."

"바쁘게 살았지. 그런데 무언가에 쫓기며 산 기분이야. 뭔가 허무해."

나의 우선순위를 아는 것은 시간을 현명하게 쓰는 능력과 직결되어 있다. 나에게는 교육이 우선순위였지만, 누군가에게는 경제적 안정이, 혹은 가정을 꾸리는 일이 우선순위일 수 있다. 중요한 것은 나에게 중요한 일을 하며 시간을 보내는 것이다. '서른에는 결혼해야지', '몸 만들어야지', '투자 공부를 해야지', '골프 실력을 늘려야지' 등 주변 사람들이 주는 압박에 휘둘리다간 내 인생에 '나'를 위한 시간은 없어진다.

나는 따뜻하고 지혜로운 할머니 심리학자이자 상담가가 되고 싶다. 그 결과를 위해 나는 작은 목표들을 세운다. 그중 하나는 매일 심리학 논문과 상담 사례집을 읽는 것이다. '일 년에 100권 읽기'처럼 거창한 계획은 필요 없다. 매일 20분이라는 이루기 쉬운 목표를 잡으면, 작은 성취감을 자주 느낄 수 있고, 나만의 성공을 이룰 확률이 높아진다.

신체적, 정신적 건강을 위해 나는 적어도 일주일에 한 번은 일기를 쓰고, 세 번은 요가를 한다. 또 내게 중요한 것은 가까운 사람들과의 관계이다. 그래서 일이 아무리 바쁜 주에도 남편과 자기 전에 진솔한 대화를 나누고, 주말에는 데이트 계획을 잡는다. 이렇게 작은 의미 있는 시간들이 쌓이다 보면 나 자신이 점점 더 마음에 드는 모습으로 변해간다. 나만의 우선순위를 바탕으로 세워진 체계가 지탱하는 삶은 꽤나 안정적이다.

나의 인생을 멀리서, 우주에서 보자. 좀 더 의식적으로 시간을 보내자. 인생을 통틀어 보았을 때 내게 무엇이 중요한가? 일과 자기계발인가? 가족, 우정, 연애인가? 건강인가? 경제적 안정인가? 아니면 봉사, 사회 기여 등 다른 중요한 가치가 있는가? 이제 이것들이 얼마나 내게 중요한지 점수를 매겨보자. 그리고 내가 진정으로 바라는 삶을 꾸리기 위해 매일 할 수 있는 것은 무엇인지 파악해보자.

스몰 토크의
주제가
외모뿐인 이유

　　14년 동안 유학 생활을 하면서 한국에 나올 때마다 느끼는 것이 있다. 바로 외모 지상주의가 만연한 문화이다. 한국 사람들만 예쁘고 멋있는 걸 좋아한다는 의미가 아니다. 미국 사람들에 비해 한국 사람들이 외모를 중시하고 그것에 대해 이야기하는 문화가 굉장히 보편적으로 깔려 있다는 것이다.

뉴욕에서 연구원으로 일하고 있는 한국계 친구가 최근 3개월 사이에 10킬로그램이 찌고 다시 10킬로그램이 빠졌다고 했다. 그런데 뉴욕에서는 그 누구도 그의 몸의 변화에 대해 코멘트를 하지 않았다. 생각해보니 미국에서는 다른 사람의 외모에 대해 이러쿵저러쿵하는 이야기를 거의 하지 않았고 그렇다 보니 자신도 외모에 대해 별로 신경을 쓰지 않고 살았다는 것을 잠시 한국에 방문하면서 깨닫게 되었다고 한다.

뉴욕 사람들이 주로 날씨와 지하철을 소재로 스몰 토크를 한다면, 한국 사람들은 외모가 주제인 경우가 많다. '살이 많이 빠졌네', '살이 쪘네', '얼굴이 좋아 보여', '얼굴이 핼쑥해졌다'라는 식으로 말이다. 이런 이야기를 들을 때마다 나는 무례하다고 느꼈고 여전히 불편하다.

20대에 들어서서 오랫동안 알고 지낸 친구들을 만났을 때, 화장품 얘기와 시술 얘기가 대화의 주제라 당혹스러웠던 적이 더러 있었다. 30대에 들어선 지금은 결혼을 준비하면서 외모지상주의를 뼈저리게 체험했다. 결혼식은 가장 축하받고 행복해야 할 날이 아닌가. 그런데 결혼 미팅을 하고 오면 한층 불행해져 있는 나를 발견했다. 드레스를 입어보는데 실장님이 말씀하셨다.

"살이 많이 탔네요. 금방 돌아와야 할 텐데요. 햇볕 꼭 조심하세요."

그러면 엄마도 옆에서 거들며 내게 하얗고 늘씬한 한국인의 미인상을 강요했다.

"다음 피팅 때까지는 무조건 살 빼야 해!"

마치 모두가 내가 내 몸에 대해 만족하지 못할 거라 짐작하는 듯했다. 나는 꽤 자신감이 있었는데 말이다. 당황스러운 날들이었다. 내가 나의 결혼식 날은 즐기고 싶어서 낮은 구두를 신겠다고 했더니, 실장님은 신랑과 섰을 때 예뻐 보이려면 10센티미터 구두는 신어야 한다고 강하게 반대했다. 나는 내가 마치 디즈니 영화 〈뮬란〉 속 첫 장면에 들어와 있는 것 같았다. 결혼 중매자를 만나기에 앞서 뮬란의 얼굴을 하얗게 칠하고 불편한 옷과 신발을 입혀 떠미는 그 장면 말이다. 한 가지 다른 점이 있다면 그때 뮬란은 '넌 너무 말랐어'라는 외모 평가를 받았다는 것이다.

한국은 왜 외모의 기준을 정해놓고 그것을 강요하는지 오랫동안 의문을 품었는데 이번에 결혼 준비를 하며 깨달았다. 한국 문화에서는 서양 문화보다 개성을 드러내는 것이 격려되지 않았다. 해오던 방식이 정해져 있고, 그것을 거스를 경우 마찰이 꽤 일어난다. 나는 내 마음에 드는 웨딩드레스를 골랐는데, 웨딩 플래너와 드레스 실장님이 모두 "일반적이지 않은 느낌을 좋아하시네요"라고 코멘트했다. '일반적이지 않다'는 코멘트를 나는 미국 유학 중에는 들어본 적이 없었다. 내가 특색이 없어서가 아니라, '일반적인' 틀에 대해 거의 생각해보지 않았기 때문이다. 주변 사람들 모두 각자 개성이 있었고 그것을 나타내는 것이 늘 당연했다. 웨딩드레스는 신부마다 각자 취향대로 선택해야 하지 않은가.

나는 갸우뚱하며 1부 드레스를 선택하고 2부 드레스로 갈아입을 준비를 했다. 흥이 많은 나와 남편은 결혼식이 축제 같길 원했다. 그래서 2부의 시작을 댄스 공연으로 준비했다. 춤을 춰야 하기에 2부 드레스는 땅에 끌리지 않는 기장이면 좋겠다고 요청했다. 그랬더니 실장님은 얼굴을 찌푸리시며 그러면 드레스 옵션이 많이 없다고 하셨다.

"그럼 일단 있는 거 보여주세요."

나의 요청에 몇 가지 드레스를 보여주셨지만 계속해서 불편한 내색을 하셨다.

"아니, 춤을 포기 못 하시니까….''

결국 나는 2부 드레스 가격을 환불받았고, 내가 직접 온라인으로 주문해서 원하는 드레스를 입었다. 이 과정을 들은 일부 친구들은 드레스는 당연히 신부가 원하는 대로 해야 한다며 잘한 결정이라고 해주었다. 반면에 또 다른 친구들은 다소 당황하는 눈치였다. 그들은 나의 선택을 응원해주었지만, '춤을 추겠다고 환불하는 신부는 너밖에 없을 거'라며 특이하다는 코멘트를 덧붙였다.

준비하는 과정에서 이런저런 마찰이 있었지만, 그것을 견뎌내고 나와 신랑은 우리 마음에 쏙 드는 결혼식을 진행했다. 함께 소리 지르며 즐긴 하객들이 '예지다운', '존다운' 결혼식이어서 덩달아 즐겁고 행복했다고 말해주었다.

나만의 개성을 찾아간다는 것은 어쩌면 외모 지상주의의 반대인 내면 지상주의로 나아가는 것이다. 다른 사람들에게 어떻게 보이는지가 아닌 자신이 무엇을 중요하게 생각하는지에 초점을 맞추고 자신만의 고유한 특성과 가치를 찾고 발전시켜나갈 때 우리는 더 큰 만족감을 얻을 수 있다.

외모 지상주의는 우리를 경쟁하게 하지만, 내면 지상주의는 관계의 질을 높여준다. 서로의 가치와 개성을 존중할 때, 우리는 더욱 깊이 있고 의미 있는 관계를 형성할 수 있다. 또한 내면 지상주의가 확산되면 외모에 대한 비판적 시각이 줄어들고, 사람들은 서로의 다양성을 인정하게 될 것이다. 다양성은 건강한 사회를 만드는 데 필수적인 요소이다.

우리의 중심을 외부에서 내부로 가져오는 좋은 방법이 있다. 자신의 몸이 어떻게 보이는가(타인 중심)보다 어떻게 느껴지는가(자기 중심)에 집중하는 것이다. 나의 생존을 위해 각 부위가 어떻게 열심히 일하고 있는지 생각해보자. 우리의 심장은 피를 힘차게 펌프해 신체 각 부위로 산소와 영양소를 공급하고, 간은 독소를 제거하고 에너지를 저장하며, 뼈와 골격은 신체를 지지하고 장기를 보호한다. 그런 몸에게 서른이 가까워서야 나는 친절하게 대하려고 노력하기 시작했다.

몸을 만들려고 운동을 하기보단 내가 좋아하는 운동을 한다. 몸의 느낌에 온전히 집중하며 요가 수련을 하다 보면 운동이 될 뿐만 아니라 요동친 강의 흙탕물이 깨끗해지듯 머리가 맑아진다. 또 요가를 꾸준히 하다 보면 일상 속에서 복근이 자세를 곧게 세워주는 느낌이 든다.

또한 호르몬의 변화로 몸이 붓고 무거운 날엔 고무줄 바지를 입는다. 스케줄이 바빠 녹초가 된 날엔 커튼을 치고 10시간을 푹 자버린다. 그리고 비키니를 입을 땐, 내 바디 라인이 아닌 바닷물이 내 몸에 닿는 시원한 느낌에 집중한다. 바다에서 일출을 보며 요가를 하는 것도 즐긴다. 파도 소리에 맞춰 호흡을 하며 발이 차가운 모래에 파고들면, 나도 자연, 우주에 한 부분인 것을 기억한다. 그러면 불안했던 마음은 어느새 사라지고,

마음이 진짜 집에 온 것처럼 편안해진다. 낮에는 일렁이는 파도에 몸을 실어 철퍼덕철퍼덕 춤을 추고, 함께 놀러 간 친구와 물속에서 닭싸움을 하며 깔깔깔 웃기도 한다. 이런 좋은 추억을 가능하게 해준 건강한 나의 몸에 감사하는 마음을 갖는다.

수치심이 들 때
나오는
방어기제

중학교 2학년 때, 나는 숙제도 성실하게 했고, 시험도 잘 봤는데 D(60점대)를 받았다. 수업 참여의 점수 비중이 30퍼센트 가까이 되었는데 내 참여 점수가 좋지 않았기 때문이다. 수업 시간마다 학생들은 원으로 둘러앉아서 1시간, 길게는 3시간 내내 토론에 참여했다. 나는 토론 준비를 누구보다 꼼꼼히 해갔다. 책에 밑줄을 그어가며 읽고, 하고 싶은 질문도 적어 갔다. 그런데 토론 내내 입을 떼지 못했다. 반면에 다른 아이들은 자신의 생각을 자신 있게 말했다. 그들이 나보다 더 똑똑해서 발표를 잘하는 것이 아니었다. 그냥 생각이 나는 대로 자신의 의견을 얘기하는 것이었다. 이미 했던 얘길 또 하거나 누구나 할 수 있는 당연한 얘기를 하기도 했다. 그럴 때 나는 속으로 이렇게 생각했다.

'저런 얘기를 뭐 하러 하는 거야. 바보같이.'

나는 내가 무슨 말을 했다가 이러한 평가를 받을까 봐, 그래서 수치심을 느낄까 봐 무서워 용기를 내지 못했고 내 점수는 낮게 나올 수밖에 없었던 것이다.

수치심은 우리로 사회에 적응하도록 돕는 감정이다. 문화적으로 또 도덕적으로 어긋나는 행동을 했을 때, 느껴지는 불편함이 바로 수치심이다. 이 감정이 우리에게 건강한 배움의 기회를 주기도 하지만, 때로는 과도하게 우리에게 무언가 잘못된 것 같은 느낌을 주기도 한다. '나는 나쁜 사람이야', '나는 창피만 당하는 사람이야. 다시는 나를 드러내서는 안 돼.' 이러한 과장된 말들이 우리를 과도하게 괴롭힐 수 있다.

많은 사람들이 수치심으로 인해 자신의 방어기제를 사용한다. 어떤 사람들은 거북이처럼 숨는다. 이것을 '도피' 반응이라고 한다. 수업 시간에 아무 말도 하지 못했던 나처럼 말이다. 내가 모르는 것, 실수한 것을 비밀로 하고, 두려운 상황이나 대화, 인물을 피하는 것이다. 이러한 '거북이 방어기제'를 쓰는 사람들은 좋은 기회가 있는데도 자신의 진짜 모습이 들통날까 봐 도전하지 않기도 한다.

어떤 사람은 '복종 방어기제'를 쓴다. 카멜레온이 환경에 따라 자신의 모습을 바꾸듯, 상대가 듣기 좋아하는 말과 바라는 행동을 하는 것이다. 이들은 자신의 생각이 상대와 다르고 마음이 불편해도 상대의 제안을 거절하지 않는다. "뭐 먹고 싶어요?", "어떻게 하고 싶어요?"라는 질문에는 "다 괜찮아요"라고 대답한다.

또 어떤 사람은 사자처럼 돌격하는 '투쟁' 반응을 보인다. 자신이 권력을 잡으려 하고 때론 목소리 볼륨을 높이거나 상대의 약점을 지적해서 상대에게 수치감을 준다.

이 세 가지 행동 모두 우리가 자신을 있는 그대로 수용하지 못할 때 사용하는 방어기제이다.

시간이 지나면서 나는 토론 문화에 점점 익숙해졌다. 중학생인 친구들은 이민법에 대해, 창조론과 진화론에 대해, 성의 가치에 대해 자신의 생각을 당당하게 말했고, 선생님들과 반

학생들은 모두의 의견을 존중했다. 누구도 틀렸다고 수치심을 느끼게 하거나 벌을 주지 않았다. 그런 교육 과정 덕분인지 나는 대학원에 가서는 교수님이 다 설명한 문제도 이해가 가지 않으면 손을 들고 다시 설명해 달라고 말했다. 반 학생들이 모두 알아들은 것 같을 때, 나만 모르겠다고 하는 건 대단히 용기가 필요한 일인데 말이다.

도서 『나는 불완전한 나를 사랑한다』의 저자 브레네 브라운은 자신의 모습 그대로 사는 용기가 우리에게 평온함을 가져온다고 강조한다. 영어로 'courage'인 용기는 라틴어 'cor-(마음)'이라는 어원을 가지고 있다. 이는 용기가 '마음에 있는 것을 말하는 것'임을 의미한다. 용기를 내는 사람은 곧 진정성 있는 '나다운' 인생을 살게 된다.

나다운 인생을 살 용기를 지닌다는 것이 쉬운 일은 아니다. 자신의 생각을 말하고 자신만의 길을 간다는 것이 오만하고 유별나게 느껴질 수 있다. 또 내가 진짜 원하는 것이 무엇인지 알아내는 데 노력이 필요할지도 모른다. 나는 자라면서 내 생각이 듣는 사람에 따라 동의와 공감을 받을 수도, 거절과 비판을 받을 수도 있다는 사실을 알게 되었다. 그래서 틀리지 않으려 숨어 지내기보다는, 큰 소리로 내 의견을 내고 그런 나를 인정해줄 사람들을 찾는 것이 더 낫겠다는 결론에 이르렀다. 그래서 용기를 내어 유튜브 채널을 시작했고, 책을 쓸 기회가 왔을 때도 많이 떨리면서도 망설이지 않고 계약을 했다.

수치심과 불안이 올라올 때마다 내 목소리로 위로와 용기를 얻었다는 구독자들과 내담자들을 떠올린다. 조금씩 나를 더 드러내면서, 내가 원하는 나의 모습과 실제 나의 모습이 점점 더 흡사해지고 있다. 그런 내 인생이 점점 더 마음에 든다.

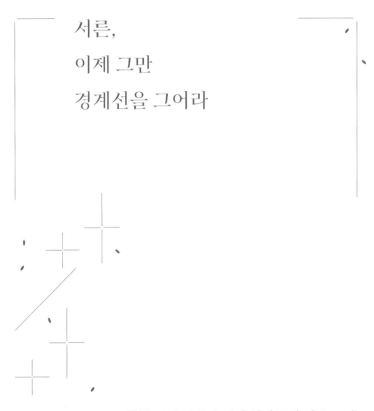

서른,
이제 그만
경계선을 그어라

학창 시절 짝꿍과 책상 한가운데 선을 그어
본 사람이 있을 것이다. 그 선은 나의 영역과 짝꿍의 영역을 가
르는 기준이 된다. 어른의 관계에서도 경계선이 필요하다. 경계
선이란 다른 사람이 어느 정도까지 자신에게 다가와도 괜찮은
지를 언어와 비언어로 정하는 것이다. 이것은 직장 상사나 동료
부터 가족이나 연인처럼 가까운 사이에까지 모두 적용된다.

한국과 같은 집단주의 문화에서는 개인의 경계를 설정하는 것이 자칫 '이기적'이거나 또는 '오만하다'는 인식으로 비칠 수 있다. 나도 타인의 기대와 조화를 중시하는 가정환경에서 자랐다. 그래서 미국 아이들과 팀 프로젝트를 할 때, 그들이 "나는 피곤하니 내일 마저 할게", "예지, 너의 파트는 네가 알아서 해"라고 얘기하면 다소 '개인주의적'이고 '이기적'이라고 느꼈다. 자신의 필요를 우선시하는 그들의 태도가 다른 팀원들에게 해를 끼친다고 생각했다.

그러다가 경계선의 중요성을 뼈저리게 느끼는 경험을 했다. 나는 22살 때 처음 번역원에서 일을 했는데 그때, 갑자기 큰 프로젝트를 작은 우리 회사가 맡게 되었다. 그중에 영어 번역을 원어민 레벨로 할 수 있는 사람은 나밖에 없었다. 나는 회사를 위해 무리해서라도 며칠 내에 20,000단어를 번역하겠다고 말했다. 당시에는 무의식적으로, 자동적으로 결정을 했다. 지나고 나서 돌이켜보니 회사 사람들에게 인정을 받고 싶은 욕구가 앞섰던 것 같다. 늘 모범생이었던 나는 "못하겠습니다" 같은 싫은 소리를 하는 것이 옵션이라고 인지하지도 못했다. 하지만 주말까지 잠도 줄여가며 일했고 유학생 친구들까지 몇 명 동원했지만, 결국에는 완성하지 못했다. 그리고 상사에게 크게 혼이 났다. 차라리 내가 해낼 수 있는 분량을 미리 명확히 이야기했다면, 팀에게 더 이로웠을 것이다.

경계를 세우는 것은 타인을 배제하거나 소외시키려는 것이 아니라, 오히려 건강한 관계를 유지하기 위한 필수적인 요소이다. 타인과 나 사이에 명확한 관계를 설정할 때, 우리는 서로의 요구와 한계를 더욱 인지할 수 있고, 오해와 갈등을 예방할 수 있다. 서로의 경계를 존중하는 사람들 사이에선 오히려 장기적으로 더 깊은 신뢰를 형성할 수 있다.

상황에 따라 할 수 있는 다양한 말들이 있지만, 아래와 같은 표현들이 유용할 수 있다.

1. 자신의 감정 표현하기

"네가 나의 사생활에 대해 너무 많은 질문을 할 때는 불편해."

"나는 지금 많이 지쳐 있는 상태야."

2. 개인적 공간 요구하기

"너의 감정을 이해하지만, 나도 나만의 공간과 시간이 필요해."

"죄송하지만, 오늘은 업무 시간이 끝났어요. 내일 다시 얘기할 수 있을까요?"

3. 타인의 행동에 대해 반응하기

"나는 그 주제에 대해 얘기하고 싶지 않아."

"나에게 무언가를 원할 때는 눈치를 주기보단 구체적으로 말해줄 수 있어요?"

4. 상대방의 요청 거절하기

"선약이 있기 때문에 가족 모임에 갈 수 없습니다."

"저와 남편의 일이니 저희끼리 상의해서 결정하겠습니다."

"현재 제게 주어진 업무가 많아서, 다른 팀원들과 나누는 것이 필요할 것 같아요."

경계선을 명확히 세우는 것은 나 자신을 존중하는 첫걸음이다. 내가 원하는 것과 필요로 하는 것을 인식하고 이를 타인에게 전달할 때, 불필요한 스트레스를 줄이고, 나에게 진정으로 중요한 것에 집중할 수 있는 시간과 에너지를 지킬 수 있다.

싫은 소리를 하지 않고도 모두와 평화롭게 지낼 수 있다면 얼마나 좋을까? 안타깝게도 세상에는 내가 나의 경계선을 똑바로 말해주지 않으면 모르는 사람들이 더 많다. 특히 내가 어떻게 되든지 아무 상관이 없는, 나를 이용하고 착취하려 드는 사람이라면 더욱 강력하게 자신의 권리를 보호해야 할 필요가 있다.

나르시시스트와 같은 유해한 사람을 연구하는 스테파니 몰턴 사키스는 현대판 포식자로부터 우리를 지키기 위해 구축해야 할 경계선에는 다섯 가지 종류가 있다고 말한다.

정서적 경계선

나의 감정과 에너지를 언제, 얼마나 쓸지 정한다.

육체적 경계선

다른 사람과 어느 정도의 육체적 거리와 접촉을 받아들일 수 있을지 정하고, 자신에게 필요한 개인 공간을 확보하며, 자신의 신체적 욕구(마시기, 먹기, 체온 유지하기, 잠자기 등)를 우선시한다.

성적 경계선

원하는 사람과 서로 동의할 때, 동의하는 방식으로 스킨십과 성관계를 한다.

시간 경계선

약속을 무리하게 잡지 않고, 자신의 우선순위를 위한 시간을 확보한다.

정신적 경계선

각자의 생각과 가치관을 자유롭게 논의하고 서로 다른 의견을 존중한다. 자신이 관심 있는 주제와 분야에 대해 공부한다.

앞에서 이야기한 30세 초반의 미디어 플래너 내담자 Y는 상담을 하기 전에는 어떤 연애를 할지, 어떤 회사에 다닐지 등 자신의 일에 대해 어머니와 항상 상의했고, 그러면 어머니는 항상 "네가 남자친구한테 너무 예민하게 군 거 아니니?", "네가 그 프로젝트를 잘 해낼 수 있겠어?" 식으로 말하며 그녀를 걱정했다. 그럴수록 그녀는 점점 자기 자신에 대한 믿음을 잃어갔다.

Y는 상담을 통해 자신의 정체성을 확립하는 것과 경계선을 긋는 것이 중요하다는 사실을 인식했다. 그리고 용기를 내어 어머니에게 경계선을 긋기 시작했다. 업무 중에는 어머니의 전화를 받지 않겠다고 마음먹었고 그대로 실행했다. 초반에는 어머니의 실망한 듯한 표정과 한숨 소리에 죄책감을 느꼈다. 하지만 자신의 욕구를 존중하겠다는 결심을 기억하며 그 불편함을 견뎠다. 그녀는 더 이상 커리어에 대한 고민을 어머니에게 털어놓지 않았다. 자신의 불안을 다른 사람에게 맡긴다고 해서 문제가 해결되기는커녕 오히려 더 불안해진다는 사실을 깨달았기 때문이다.

그녀의 태도는 직장에서도 변하기 시작했다. 이전에 Y는 업무 회의에서 자신의 의견을 말할 때 필요 이상으로 고민을 많이 했고, 상사가 미간만 조금 찌푸려도 심장이 떨리고 불안했다. 지적을 받거나 비판을 받으면 며칠씩 마음을 졸이곤 했다. 또 업무를 과도하게 맡아서 버거워했다. 하지만 이제 그녀는 무례한 요구를 거절하기 시작했다. 그녀는 그렇게 스스로를 지키고 돌보기 시작하니, 마음이 보다 여유로워졌다고 말했다.

자신이 착한 딸, 아들, 형제, 자매, 애인, 친구, 동료임을 증명하기 위해 무조건 다른 사람들에게 맞춰주는 사람이 있다. 하지만 그럴수록 주변 사람들이 그에게 기대하는 바는 점점 더 많아지게 되고 나중엔 버거워 '혼자가 편하다'고 생각해 자신을 고립시키거나 사람들을 원망하게 된다. 나를 버릴 때 관계는 건강하게 유지될 수 없다는 사실을 기억해야 한다. 오히려 자신을 챙길 줄 알고 어디까지가 좋고 어디까지가 싫은지 분명하게 소통해야 주변 관계가 잘 정돈된다. 이때 나를 독립적인 인격체로 존중하지 않는 사람들은 물러날 것이고, 나를 존중하는 사람들이 곁에 남게 된다.

다른 사람들에게는 "네, 좋을 대로 하세요"라고 할 때, 우리 자신에게는 "아니요, 참으세요"라고 말하고 있지는 않은가? 정서적으로 독립한 어른이 된다는 것은 자신의 욕구와 필요를 스스로 돌아보고 책임을 지는 능력을 키우는 것이다. 나의 모습은 보는 사람에 따라 각각 다르게 비춰질 수 있다. 남들이 뭐라고 하든, 자기 자신을 함부로 할 수 없는 사람이라는 사실을 알아야 한다.

그동안 여러 사람에게 치여 살아왔다면 자기 내면세계의 가치를 잘 모를 수 있다. 한쪽 구석에 박아놓은 보석처럼 먼지가 쌓이고 그 빛이 희미할 수 있다. 하지만 잘 보이지 않는다고 해서 가치가 없는 것은 아니다. 자신의 가치를 믿고, 소중하게 다루고 관리할 때, 반짝 빛이 나는 걸 볼 수 있을 것이다.

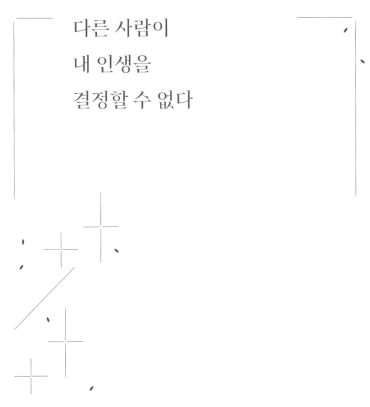

다른 사람이
내 인생을
결정할 수 없다

　　20대가 대학과 직장, 연애 등 여러 가지 경험을 하는 자유로운 시기였다면, 서른의 발걸음은 보다 더 조심스럽다. 이제까지의 경험을 토대로 자신에게 맞는 커리어와 관계를 찾아 정착하는 시기이기 때문이다. 여름의 열기가 사라지고 조용하고 차분한 분위기가 흐르는 초가을쯤 될까? 중요한 선택들을 해나가는 이 시기에 우리는 자주 불안감을 느낀다.

심리학을 공부하며 시작한 유튜브 채널을 가장 많이 찾는 연령대는 25세에서 34세 사이다. 구독자들과 내담자들이 내게 자주 이런 질문을 한다.

"이 일을 계속 해야 할까요, 이직을 해야 할까요?"
"이러한 갈등이 계속되면 관계를 끊어야 할까요?"
"이 사람과 결혼해도 좋을까요?"

서른은 큰 결정들을 해야 하는 만큼 어려운 시기다. 그리고 많은 사람들이 정답을 갈구한다. 주변 사람들에게 물어보고, 인터넷에 검색해보고, 상담사에게 물어본다. 상담사에게 점쟁이처럼 답을 알려주길 기대하는 걸 알지만, 좋은 상담사라면 결정을 대신해 주지 않는다. 인생에서 각자의 선택만이 있고 정답은 없을뿐더러, 누가 그 선택의 결정권자인지가 굉장히 중요하기 때문이다.

어떤 그룹에서든 결정권을 가진 사람이 리더이다. 만약 내 인생의 중요한 문제들을 다른 사람이 선택해준다면, 나의 리더십을 빼앗아 가는 것과 같다. 스스로 선택을 해야 결과가 좋을 때 마음껏 기뻐하고 좋지 않을 때 실패를 통해 배울 수 있다. 그러면서 자신에 대한 신뢰가 쌓이는 것이다. 멋진 선택이던 미흡한 선택이던, 자신의 가치관에 따라 결정해야 인생에 주도권을 잡고 끌고 갈 수 있다.

관계에서 극심한 불안을 호소하던 내담자 M이 나와의 상담을 잠시 쉬고 있던 기간에 점쟁이를 만나고 왔다. 그 점쟁이는 남자친구가 자신을 사랑하는지 계속 확인하고 싶어진다는 그녀에게 남자친구가 9월에 한눈을 팔 거라며 부적을 사라고 했다. 그녀는 부적을 샀지만, 남자친구가 바람을 피울 사람이라는 불안한 마음에 분노까지 더해졌다. 남자친구는 아무 짓도 안 했는데, 신뢰가 와장창 깨진 것이다.

점쟁이의 목적은 불안을 증폭시켜 자신에게 더 의존하게 하는 것이다. 반면에 상담의 목적은 그 반대이다. 내담자의 마음이 단단하고 안정되어서 홀로 설 수 있게 하는 것이다. 이 차이를 듣고 M은 무릎을 탁 쳤다.

"맞는 것 같아요. 점쟁이가 12월에 남자친구가 또 흔들릴 거라며 부적 사러 오라고 했거든요!"

나이 서른을 앞둔 솔로인 친구 J는 부모님의 권유로 결혼

정보회사에 등록했다. 해외 생활을 오래 했던 J가 바라던 이상형은 자신처럼 해외 거주 경험이 있고, 개방적이며, 자신과 가치관이 잘 맞는 사람이었다. 몸은 통통한 편보다는 날씬한 편이 이상형에 가깝다고 전달했다. 그런데 결혼정보회사 매니저의 소개로 만난 상대들은 그녀의 이상형과는 거리가 먼 사람들이었다. 상대는 모두 안정적인 직장에 똑똑한 사람들이었지만, 마음이 통하질 않았다.

하루는 그녀가 애프터를 거절하자 그녀의 어머니에게 매니저가 전화를 걸어왔다. 상대의 어머니가 하는 말이, 아들이 실망을 많이 했다고 한다. 그러면서 자기네보다 자산도 없는 집 딸이 왜 우리 아들을 거절했느냐며 어머니에게 그녀를 타일러 그를 다시 만나게 하라는 것이다. J와 그녀의 어머니는 그때 깨달았다. 이 결혼정보회사는 그녀를 상품으로 보고 있다는 사실을 말이다.

사례 속 점쟁이와 결혼정보회사 매니저는 우리 삶에 중요한 결정을 대신해주려는 사람들의 예다. 이들은 경제적 유익이라는 불순한 의도로 우리에게 조언했지만, 정말 우리를 위하는 사람들도 제각각 나름의 확신을 갖고 조언을 한다. '서른에는 결혼해야지', '부잣집과 결혼해야 잘살 수 있다', '지금 회사를 그만두면 실패다', '지금 자리를 잡아야 나중에 후회하지 않아' 등 남들의 걱정과 조언을 듣고 있으면, 무언가를 잘못 선택하는 것 같고 또 그러다가 인생 전체가 흔들릴 것 같은 불안감이 든다.

불안은 전염성이 강하다. 그래서 여러 사람의 얘기를 들어보는 것은 좋지만, 내 안에 중심이 없는 채로 여러 이야기를 들으면 그 어느 결정도 확신하지 못하게 된다. 또 미루고 미루다 엉뚱한 결정을 하기도 한다.

정답이 없는 인생에서 자기 자신만의 길을 찾으려면, 주변의 압박을 버틸 힘이 필요하다. 그 힘은 나를 잘 돌보는 데서 나온다. 들어오는 여러 정보를 잘 걸러내고 나의 감정에 귀 기울일 때, 내가 진짜 원하는 삶을 꾸려갈 수 있다. 또한 나답다고 느껴지는 편안한 선택들이 우리를 더 건강하고 안정적인 삶으로 이끈다.

부모가 허락하는 틀 안에 사는 소위 말하는 착한 딸, 아들들은 남들보다 불안을 더 많이 느낀다. 과도하게 걱정하고 통제하는 부모일수록 '너는 혼자서 잘할 수 없어', '너는 내가 개입하지 않으면 큰일 나' 등 자기 확신을 떨어트리는 메시지를 전하기 때문이다. '너는 이런 옷이 어울려', '너에게는 이 직업이 천직이야', '너 이거 못하잖아. 내가 해줄게' 등 이런 말들은 위해주는 것 같으면서 들으면 기분이 이상하게 나쁘다. 사실 거기에는 그럴만한 이유가 있다. 나의 감정과 생각, 의지를 존중하지 않고 무시하는 말들이기 때문이다.

건강한 독립성은 스스로 선택을 하며 생긴다. 서툴러도 스스로 선택을 하고 때로는 실패를 하며 배우고 성장하는 것이다. 10번 싸워보고 5번 져본 사람과 한 번도 싸워보지 않은 사람 중 다음 시합에서 누가 더 자신감이 있겠는가? 바로 경험이 있는 사람이다.

다양한 사람들과 연애를 하고, 밤새 친구랑 춤도 춰 보고, 휴학하고 아르바이트와 봉사 경험을 해보는 것. 모두 부모님이 썩 자랑스러워하시진 않았지만 멀리서 지켜봐주신 나의 선택들이다. 이런 선택들이 지금의 나를 20대의 나보다 성숙하게 만들었고, 내가 무얼 좋아하는지, 나의 강점과 약점은 무엇인지 알게 했다. 내가 행복할 수 있는 나만의 인생을 찾게 하는 밑거름이 되었다.

서른이 될 때까지 부모나 다른 사람이 대신해준 선택들이 대체 몇 개나 될까? 그 수만큼 자신이 무엇을 원하는지 알아갈 기회, 학습하고 자신감을 키울 기회를 박탈당한 것이다. 자신의 선택에 대해 비판을 많이 받았던 경우도 마찬가지이다. 실수를 해야 배울 수 있는데, 작은 실수에도 질타를 받았다면 '나는 뭐든 혼자서 잘 해내지 못해'라고 믿게 되어 스스로 잘 결정하지 못하고 남에게 의존하게 된다. '하고 싶은 게 없다'라고 말할 수도 있는데, 이는 습득된 무기력감의 증상이라고 볼 수 있다.

자, 지금부터라도 정서적 독립을 시작해보자. 일상 곳곳에서 자신의 경험과 생각을 바탕으로 결정하며, 나에게 실수할 권리를 누리게 하는 것이다.

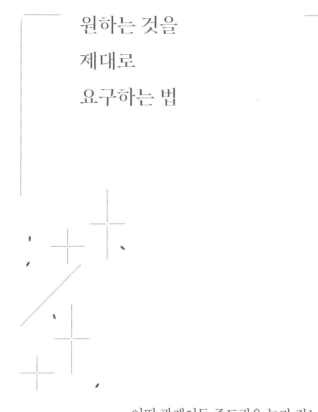

원하는 것을
제대로
요구하는 법

어떤 관계이든 주도권을 누가 갖느냐가 중
요하다. 타협을 잘하면 양쪽 모두 원하는 것을 얻고 만족스러
운 관계를 유지할 수 있지만 한쪽이 힘을 더 갖게 되면 갑을 관
계가 형성되어 갑이 원하는 방향으로 관계가 흘러가게 된다.
흥미로운 점은 관계에서 다른 사람에게 주도권을 쥐여 주며 을
을 자처하는 사람들도 있다는 것이다. 계속해서 을이 되는 사

람들은 자신의 성격에 문제가 있다고 생각한다. 그러나 소통은 기술의 문제다. 누구나 이 소통의 기술을 익힌다면 더 건강하게 관계를 맺을 수 있다.

영화 〈에브리씽 유브 갓〉 속 여주인공인 리사는 평생 소프트볼 국가대표가 되는 것을 목표로 달려왔다. 하지만 최종선발에서 발탁되지 않자 소프트볼을 떠나 평범한 삶을 살아가게 된다. 운동에만 전념해왔던 그녀는 다른 사람과의 관계에 서툰 모습을 보인다. 어느 날 그녀는 유명 야구선수와 데이트를 하게 되는데, 매사에 자기중심적인 그와의 관계에서 갈등을 겪는다. 그녀는 고민 끝에 상담사를 찾아가 물어본다.

"누구에게나 도움이 될 만한 조언 한 가지가 있다면 무엇인가요?"

상담사는 그녀에게 이렇게 말한다.

"당신이 원하는 것을 파악하고, 그것을 요구하는 방법을 터득하세요."

다른 사람이 자신을 알아주기만을 바라지 말고 스스로의 욕구를 파악하고 챙기라는 것이다. 자신에게는 평범한 삶을 살아갈 능력이 부족하다고 생각하던 리사는 작은 변화가 필요하다는 사실을 깨닫고 관계에 있어 자신이 행복한 쪽으로 선택을 해나간다.

관계에 어려움이 있을 때 상대 탓만 하는 것은 사실 무책임한 행동이다. 상대가 문제라면, 내가 할 수 있는 일은 아무것도 없다는 뜻이기 때문이다. 이렇게 인생에서 자신의 주도권을 빼앗겼을 때, 우리는 무기력감을 느낄 수밖에 없다. 어떤 관계에서든 자신이 원하는 것을 분명하게 파악하고, 건강하게 소통해야 할 책임이 있다.

'너 좋은 대로 해'
수동적 소통 방법

대학교 때 룸메이트였던 H 언니는 성격이 참 좋았다. 함께 살던 2년 동안 우리는 한 번도 싸우지 않았다. 주변에서 친구들이 같이 살면서 오히려 멀어지는 경우를 많이 봐왔던 터라 '좋은 게 좋은 거지'라는 태도로 갈등을 피하는 우리가 잘 하고 있다고 생각했다.

우리는 알아서 번갈아 가며 장을 볼 때 계산을 했고 요리를 하고 설거지를 했다. 집안일 역할 분담에 대해, 경제적인 것에 대해 대화를 거의 나누지 않았다. 방을 썼던 언니가 거실을 썼던 나보다 월세를 100달러 더 내고 있었다는 사실을 졸업한 후에야 알게 될 정도였다.

우리는 졸업 후 떨어져 지냈지만 여전히 베프처럼 서로를 여겼다. 하루는 언니가 나에게 결혼할 사람을 소개해주었다. 당시 남자친구였던 지금의 남편과 그렇게 네 명이서 얘기를 나눌 때, 언니가 말했다.

"예지는 얼마나 느긋한지, 한 번은 우리 아파트에 에어컨 리모컨이 고장 났어. 나는 연구원에서 하루 종일 있다가 왔는데 집에 있었던 예지가 리모컨을 안 고치고 그냥 그대로 둔 거 있지."

나는 언니의 뼈 있는 말에 당황했다. 아마 나는 에어컨 리모컨이 고장 났는지 몰랐거나 깜빡했을 터였다. 만약 그때 나에게 문제 제기를 했다면, 내가 관리소에 전화를 하던 배터리를 갈아 끼우던 해결할 수 있었을 것이다. 몇 년 후에야 이 일이 이렇게 언급되어야 한다는 게 아쉬웠다.

그런데 나도 생각해보니 말하지 못한 불편함이 있었다. 당시 나는 강아지를 키우고 있었는데 언니의 남자친구였던 대학 선배가 우리 강아지를 예뻐했다. 문제는 내가 거실에서 지내는데, 선배가 시도 때도 없이 거실 쪽으로 나와 강아지랑 놀았다는 점이다. 내가 자고 있을 때도 말이다. 나는 크고 묵직한 커튼을 사와 현관 앞 공간과 나의 개인 공간인 거실 사이에 설치했다. 그런데도 그는 커튼 사이로 손을 뻗어 강아지를 만졌다. 나 또한 언니처럼 언니나 그에게 문제 제기를 하지 않았고, 혼자

참았다.

시간이 지나고 지금 언니와 그때의 일들을 나누면서 우리 둘 다 갈등 회피적인 성향을 갖고 수동적으로 소통을 해왔다는 사실을 알게 되었다. 언니에게 "뭐 먹을래?"라고 물어봤을 때, "넌 뭐 먹고 싶어?"나 "아무거나!"라고 대답했고, 그럼 나는 언니가 뭐 먹고 싶을지 머리를 굴렸다. 둘 다 서로를 배려하려고 노력하는 편이었기에 무탈하게 룸메이트 시기를 지날 수 있었지만, 앞으로 더 좋은 관계를 이어가기 위해서는 원하는 바를 더 확실하게 이야기할 필요가 있겠다고 언니도 나도 생각했다.

수동성의 문제는 상대가 내가 무엇이 좋고, 무엇이 싫은지 알 수 없다는 것이다. 만약 상대가 선을 넘는 말이나 행동을 해도 그것에 대해 말해주지 않으면 '이래도 되는구나'라는 메시지를 전하게 된다. 이렇게 한 명이 계속해서 희생하는 관계는 오래가지 못한다. 한 명이 일방적으로 희생할수록 상대는 더 많이 요구하고 기대하게 되기 때문이다.

"나는 '뭐 먹고 싶어'나 '어디 가고 싶어' 식의 말을 못 해."

언니가 말했다.

"언니의 욕구보다는 타인의 욕구가 늘 우선시되는 이유가 있을까?"

나의 질문에 언니는 아마 6살 어린 동생의 영향 때문인 것 같다고 말했다. 나이 차이가 많은 동생에게 늘 양보하며 자랐기 때문이다. 다행인 점은 언니의 남편은 언니에게 원하는 걸 이야기하도록 도와주는 존재라는 점이다. 언니가 "아무거나"라고 대답할 때면, "그럼 두 가지만 골라봐"라는 식으로 언니의 마음을 읽으려고 노력하고 언니가 더 표현하도록 이끌어준다. 그런 상대의 배려 때문에 언니는 더 효과적인 소통을 이어가고 있다.

'내 말만 들어'
공격적 소통 방법

내담자 J는 컨설팅 회사에서 근무한다. 그녀는 사람들이 자신을 '공격적'이라고 하는 게 싫다고 했다.

"제가 좀 화를 내면 사람들이 제게 너무 공격적이라고 해요. 기분이 나쁜데 어떡해요?"

그녀는 최근에 있었던 일에 대해 얘기했다. 회사에서 준비하던 프로젝트가 갑작스레 변경되면서 그녀가 며칠 동안 밤낮없이 준비했던 자료가 무의미해졌다. 상사는 단 한마디 설명도 없이, 마치 당연하다는 듯이 변경 사항을 이메일로 보냈다. 그때를 회상하며 그녀는 숨이 가빠지고 목소리가 커졌다.

"제가 그동안 엄청 고생했거든요!"

그날 팀원 M이 그녀에게 다가와 함께 점심을 먹자고 청했다. 그런데 그녀는 M에게 이런 상황에서 무슨 점심 타령이냐며 거절했다고 한다.

"M이 당황했겠는데요?"

"네, 무엇이 문제냐고 대화하자고 하더라고요. 그런데 저는 대화할 기분이 아니었어요. 그래서 모르면 됐다고 했어요."

그녀의 공격적인 소통 방식은, 문제의 원인을 정확히 짚지 못한 채 자신의 분노를 다른 사람에게 퍼붓고 있었다.

공격적 소통 방식의 특징은 주로 상대방에게 강압적이거나 위협적인 방식으로 말하고, 자신의 요구와 감정을 최우선으로 두면서 타인의 감정이나 필요는 무시하는 경우가 많다는 것이다. 이들은 자신의 의견을 상대방에게 일방적으로 강요하거나, 불쾌한 말을 함으로써 상대를 무시하거나 조롱하는 방식으로 소통한다. 목소리가 커지거나 몸짓이 위협적일 수 있으며, 자신의 주장에 확신이 있어 보이지만 사실은 불안이나 두려움을 숨기기 위한 경우가 많다. J의 경우, 자신이 받는 스트레스를 팀원 M에게 투사한 것이었다.

"그때 느꼈던 분노가 어디에서 비롯된 거 같아요?"

그녀는 프로젝트가 무의미해진 상황이라고 말했다.

"분노는 2차 감정일 때가 많아요. 더 깊은 감정을 덮으려는 감정이란 말이죠. 프로젝트가 무의미해진 상황에서 오는 허탈함, 상사의 무심한 태도에서 느낀 소외감, J님의 노력이 무시되었다고 느낀 부분도 있었나요?"

"맞아요. 열심히 준비했는데 인정받지 못해서 속상했어요."

"지금 저한테 얘기하신 것처럼 팀원에게도 얘기한다면 J님을 더 잘 이해할 수 있지 않을까요?"

"아마 제가 불편해서 피하진 않을 거 같네요. 지금 그러고 있거든요."

자신이 정말 무엇 때문에 기분이 상했는지, 그 감정이 정확히 무엇인지 파악하고 대화를 한다면, 더욱 효과적이고 건설적인 대화를 할 수 있다.

공격적인 소통 방법 중에 수동적 공격성 소통도 있다. 수동적 공격은 간접적인 공격이라고 볼 수 있다. 이러한 소통법을 하는 사람들은 상대가 기분 나쁠 만한 말을 해놓고 실제로 기분 상해하면 "농담이야. 뭐 이런 걸로 기분 나빠해?" 하며 상대를 이상한 사람으로 만든다. 또한 이들은 사람을 투명인간 취급하며 눈치를 보게 한다. "너 설거지 했더라? 웬일이래" 이런 식으로 칭찬인듯 칭찬 아닌 공격을 한다. 자신을 공격하는 듯하면서 상대를 공격하는 방법도 있다. "너에게 기대한 내가 잘

못이지", "지금 내가 이렇게 힘든데 또 그 얘기를 해야겠어?" 이런 식으로 희생양 행세를 하며 죄책감을 자극하여 자신이 원하는 방향으로 끌고 간다. 또 하기로 한 일을 계속 미루면서 상대가 지쳐 포기하도록 만든다.

수동적 공격성 소통 방식은 겉으로는 문제없다는 태도를 취하지만, 속으로는 불만과 저항감을 품고 있는 심리에서 비롯된다. 인정받고 싶은 욕구와 억압된 분노가 충돌할 때, 확실한 소통을 피하고 은근히 상대를 불편하게 만든다. 스스로가 무력하다고 느낄 때, 상대를 무력화하는 심리도 작용된다. 무엇이 문제냐며 대화를 청하는 동료 M에게 J가 "모르면 됐다"라고 한 것도 그 예이다. 이런 방식이 반복되면 오해와 불신이 쌓여 관계가 멀어지기 쉽고, 본인에게도 스트레스를 더하는 악순환으로 이어질 수 있다.

차분하고 명확한
자기주장적 소통 방법

가장 건강한 관계를 만드는 소통 방법은 자기주장적 소통 방법이다. 자신의 생각과 감정, 욕구를 솔직하고 직접적으로 표현하는 동시에 상대방의 권리와 감정도 존중하는 소통 방식이다. 이러한 소통 방식은 사회에서 자신을 지키는 보호 장비

소통 방식	특징	예시	결과 및 영향
수동적 소통	· 자신의 생각과 감정을 숨김 · 갈등 회피 · 타인의 요구에 무조건 순응	누군가에게 불만이 있어도 "괜찮아요"라며 넘어감	· 자신의 의견이 무시됨, 억눌린 감정이 쌓임 · 낮은 자존감, 스트레스 축척
공격적 소통	· 자신의 감정을 직설적이고 강압적으로 표현 · 상대의 감정을 고려하지 않음 · 대립적인 태도	"왜 항상 네가 일을 더 어렵게 만들어?"	· 관계의 긴장과 갈등 증가 · 상대방의 방어 반응을 유발, 신뢰 손상
자기주장적 소통	· 솔직하게 감정을 표현하되, 타인을 존중함 · 명확한 의사 전달 · 문제 해결을 중시	"이 상황에서 나는 불편함을 느껴. 조율해볼 수 있을까?"	· 상호 존중과 이해 형성 · 관계의 질 향상, 스트레스 감소, 자존감 향상

가 되어 준다. 나는 학교 심리학자로서 인턴 활동을 할 때, 학생들에게 자기주장적 소통 방식에 대해 알려주었다. 초등학교 4~6학년 아이들에게 세 가지 소통 방식에 대해 설명했더니, 공감을 많이 했다. 특히 4학년 남학생 H는 공격적 소통 방식에 대해 듣다가 "저 그런 사람 알아요. 우리 형이 그래요!"라고 말하며 형 때문에 억울했던 얘기를 나눠주었다. 나는 형제는 물리적 힘의 차이와 구조적인 차이 때문에 더욱 그럴 수 있다고

설명하며, 그 상황에서 어떻게 대처하면 자신을 지킬 수 있는지 자기주장적 소통 방법에 대해 알려주었다. 또 다른 그룹 상담 맴버들이 형 역할을 해주며 그 학생이 효과적인 소통 방법을 연습할 수 있게 도와주었다. 이러한 소통 방식에 대한 연습은 성인의 일상에서도 관계의 질을 결정한다.

자기주장적 소통 방법의 첫 번째 특정은 나의 감정과 욕구를 정확히 파악하는 것이다. 예를 들어, 지난주에 남자친구가 원하는 등산을 함께 다녀왔다. 즐거운 시간이었지만 다녀온 이후 몸살을 앓았고, 일주일 동안 체력에 무리가 되었다. 그런데 그가 이번 주에 또 등산을 가자고 한다. 말을 듣자마자 한숨이 쉬어진다. 이때 내가 느끼고 있는 감정은 무엇일까? 이 상황과 대화에서 내가 원하는 결과는 무엇일까? 이러한 질문에 대해 생각해보는 것이 첫 단계이다.

두 번째 자기주장적 소통의 특징은 상대에 대한 이해와 '나' 중심 문장 사용하기이다. '오빠는 항상 자기 멋대로야!', '그놈의 등산! 짜증 나 죽겠어' 등의 표현 대신에 상대의 입장을 고려하지만, 내가 어떻게 느끼는지를 부드럽게 전달하는 것이다.

이해 오빠가 나랑 등산 가는 거 좋아하는 거 알아

감정 표현 지난주에 오빠랑 6시간 등산을 했더니, 내가 그 후로

며칠이 피곤했어.
제안 이번 주말엔 카페에서 데이트를 하자

자기주장적 방식은 솔직하게 말하되 공격적이지 않아야 한다. 예의를 갖춰서 자신의 의견을 명확하게 전달했을 경우, 감정적으로 성숙한 사람들은 그것을 존중해줄 것이다. 그런데 상대방이 나의 거절을 받아들이지 못하고 계속 설득하거나 압박하는 경우도 있다. 그럴 경우 많은 사람들이 과도하게 자신의 처지를 설명하려고 한다. 혹은 거짓말을 하며 상황에서 벗어나려고 한다.

컬럼비아 대학원 로젠 가터반 교수는 이러한 상황일 때 활용할 수 있는 자기주장적 방식으로 '고장 난 레코드 기법'을 추천한다. 렉이 걸린 레코드가 곡의 한 부분만 반복하듯, 우리도 '이번 주말엔 시간이 안 돼요', '저는 안 갈래요' 식으로 같은 말을 반복하는 것이다. 감정에 휘말리거나 다른 설명을 추가하지 않고 간결한 메시지를 차분하게 반복하는 것이 포인트이다. 이때 정중하지만 단호한 말투를 사용하는 것이 좋다.

A 주말에 좀 도와줄 수 있지? 너의 도움이 정말 필요해.
B 미안하지만, 이번 주말에는 시간이 안 돼요.

A 잠깐만이라도 와서 도와주면 되잖아. 그것도 못해?

B 미안해요. 이번 주말에는 시간이 안 돼요.

A 다들 돕기로 했는데, 정말 안 돼?

B 이번 주말에는 시간이 안 된다고 계속 말씀드려요.

이렇게까지 반복적으로 자신의 입장을 밝혔는데도, 상대를 비난하는 사람이나 비꼬는 사람과는 거리를 둘 필요가 있다.

서른이
슬픔을 대하는
자세

〈인사이드 아웃〉에서 다른 감정들은 제 역할이 확실하다. 기쁨이는 긍정적으로 세상을 보게 하며 행복을 선사한다. 공포는 우리를 위험으로부터 보호하고, 까칠이는 처음 접해보는 물건이나 음식, 상황에 대해 조심성을 갖게 한다. 분노는 불공평함에 대응하게 하며 정의와 가치관을 지키는 데 기여한다. 그런데 슬픔이는 그 역할이 분명하지 않다. 일 처리를 늦추고 기분을 다운시키는 것만 같다. 그래서 기쁨이는 슬픔이를 자꾸 배제시키고 주도권을 쥐지 못하도록 필사적으로 막는다. 우리도 어려서부터 이런 말을 자주 들으며 자라지 않았는가. "뭘 잘했다고 울어?", "뚝!", "울지 마, 힘내."

이런 말을 통해 우리는 자신도 모르게 슬픔이 쓸데없고 피해야 하는 감정이라는 메시지를 전하게 된다. 슬픔은 정말 피해야 할 감정일까? 우리는 도대체 무엇을 피하려고 하는 것일까?

내담자 A는 고등학생 때 아버지가 아프시다가 돌아가셨다. 그때 어머니가 아버지 곁에 있어 주지 않으시고 집을 떠나 몇 개월 뒤에나 돌아오셨다고 한다. A는 이러한 자신의 얘기를 학술 논문 읽듯이 말했다. 그런 그녀가 물었다.

"사람들이 저보고 어떻게 이런 이야기를 눈물 한 방울 흘리지 않고 하느냐고 그래요. 꼭 울어야 하는 건가요?"

좋은 질문이었다. 슬픔에 가치가 있을까? 울면 무엇이 해결되는 것일까? 다른 감정들처럼 슬픔에는 분명한 역할이 있다. 슬픔은 우리의 에너지 레벨을 낮추는 감정 중 하나이다. 침대에 누워 이불을 뒤집어쓰고 아무것도 하기 싫은 이유가 있다. 슬픔이 우리를 잠시 멈추게 하는 이유는 내면의 재충전을 위한 시간을 제공하기 위함이다. 나무가 겨울에 잎을 떨어뜨리고 휴면기를 가지며 에너지를 저장하듯, 중요한 무언가를 잃은 이 시기에 슬픔은 정처 없이 방황하며 에너지를 낭비하는 대신, 잠시 멈추어 앞으로 어떤 방향으로 살아야 할지 생각하고 더 건강한 모습으로 나아가기 위한 준비를 도와준다. 슬픔으로 인해 흐르는 눈물은 우리 몸이 스트레스 호르몬을 흘려보내는 방법이다. 또한 우리가 슬픔을 표현할 때, 주변 사람들은 우리의 슬픔에 공감해주며 우리에게 필요한 사회적, 정서적 위로를 제공해줄 수 있다.

〈인사이드 아웃〉의 라일리는 아빠의 직장 때문에 이사를 하게 된다. 다정했던 아빠는 새 직장에 적응하느라 화가 많아지고, 낯선 환경 속에서 라일리는 혼자 힘들어하다가 부모님께 신경질을 부리는 등 가족 사이가 멀어진다. 그러다 라일리가 고향과 친구들에 대한 그리움과 슬픔을 표현했을 때, 부모님은 그제야 그녀의 감정을 이해하고 감싸준다.

"사실 나도 그래."

그들은 딸과 공감하며 그녀를 꼭 안아 준다.

"그런데 A님은 가장 힘들었을 시기에 울어도 위로해줄 사람이 없었네요?"

내 말에 그녀는 고개를 끄덕였다.

"아이도 넘어지면 주변을 두리번거리다가 엄마가 뛰어오는 걸 확인하고 그제야 왕 하며 울잖아요."

그녀는 잠시 정지화면처럼 멈추더니 말했다.

"저는 정말 혼자였어요. 아빠가 없으니 이제 내가 우리 가족을 먹여 살려야 한다고 생각해 이 악물고 달려왔죠."

얼마나 버겁고 외로웠느냐는 말에 그녀는 오랫동안 참아왔던 눈물을 흘렸다.

내담자 A의 남자친구는 힘든 일이 있어도 늘 혼자 해내고, 곁을 주지 않는 그녀가 안쓰러웠다고 했다. 감옥에 갇혀 있던 슬픔을 해방시키고 나서, 그녀는 자신에게도 누군가에게 의지하고, 위로받고 싶은 욕구가 있다는 사실을 깨달았다. 상담을 통해 위로를 받은 내담자 A는 용기를 내서 남자친구에게도 자신의 아픔을 이야기할 수 있었다. 그녀는 둘 사이에 존재했던 벽이 허물어진 것처럼 가까워졌다고 말했다. 슬픔을 충분히 느낄 때 우리는 모든 인간이 공유하는 상실감에 연결되어, 공감과 연민을 받을 뿐만 아니라 베풀 수도 있게 된다.

슬픔은 결국 우리로 고통스러운 현실을 직시하게 하는 감정이다. 인생에서는 우리가 의도하지 않았던 고통스러운 일들이 많이 일어난다. 부모님이 근무지를 옮겨 정들었던 친구들과 헤어지고, 열심히 노력했던 일이 성사되지 않고, 친했던 친구와 멀어지고, 사랑하는 사람에게 거절당하고, 죽음이 가족에게 찾아온다. 이렇게 중요한 것이 내 손에서 미끄러지는데, 많은 경우 우리가 할 수 있는 일이 아무것도 없다.

인생은 희극이자 동시에 비극이라는 이 사실을 마주하는 것은 고통스럽다. 그래서 많은 사람들이 다른 방법을 택한다. 슬플 시간을 스스로에게 허락하지 않기 위해 과도하게 일정을 잡고, 쇼핑, 콘텐츠 시청 등으로 도피한다. 술, 폭식 등으로 감정을 마비시키기도 한다. '모든 일이 잘될 거야'라는 식의 지나치게 긍정적인 태도로 현실을 회피하기도 한다. 시인 로버트 프로스트는 '가장 좋은 방법은 관통해 가는 것이다(The best way over is through)'라고 말했다. 불편한 감정 또한 충분히 느낄 때 진정으로 흘려보낼 수 있다.

어린 시절이, 과거의 연애가 나에게 고통을 주었는가? 도망가거나 부정하려고 애쓰지 마라. 인생은 원래 고통이 동반된다. 우리는 연약하다. 아무리 노력해도 통제 밖에 있는 사람들과 상황으로 인해 우리 마음대로 되지 않는다. 기쁜 순간도 있지만, 슬픈 순간도 있다. 또한 슬픔에도 여러 종류가 있다. 엉엉 울게 되는, 창이 심장에 박히는 듯한 고통스러운 슬픔이 있는가 하면, 얼굴이 살짝 물에 잠긴 것 같은 옅은 우울감도 있다. 귀에 물이 찰랑찰랑하는 것이 느껴지는 먹먹한 상태, 그리 행복하지도 그리 불행하지도 않지만 이유 없이 괜스레 기분이 울적하고 뭔가 애매한 기분인 멜랑꼴리^{melancholy} 상태일 때도 있다. 인생은 실망과 고통이 동반된다는 사실을 인식하면, 누구나 자연스럽게 느끼는 감정이다. 이 감정을 병적으로 취급하지 않고, 행복과 기쁨에 대한 집착을 내려놓으면, 우리는 우리의 실패와 후회로부터 자유로울 수 있다.

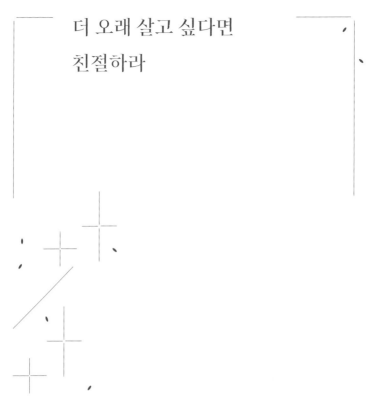

더 오래 살고 싶다면
친절하라

나는 대학을 다닐 때 무기력감을 많이 느꼈다. 내가 하고 싶은 공부를 하고 있었고 주변 사람들과의 관계도 좋았다.

'그런데 왜 이렇게 삶이 무기력하지.'

당시 나는 무엇이 문제인지 몰랐다. 휴학을 하고 한국에 와서 새로운 일에 도전해 보기로 했다. 그리고 교육봉사단체를 통해 기숙사 학교에서 탈북 아이들에게 영어를 가르쳤다. 분당에서 노원구까지 2시간 가까이 되는 길을 매일 왕복했는데, 나는 한 번도 출근하기 싫은 적이 없었다. 매일 가슴이 뛰는 나의 모습이 낯설 정도였다. 아이들에게 도움을 주고 있다는 사실이 나에게 생기를 불어넣고 있었다. 최근에 10년 전에 가르쳤던 학생들 중 한 명이 유튜브에서 나를 보고 댓글을 남겼다.

"선생님 저 Y에요. 기억하시나요?"

이름을 보자마자 함박웃음이 지어졌다. 이제 성인이 된 그 학생을 만났는데, 여전히 나와 함께 했던 수업 시간을 추억한다고 했다. 지금도 내가 가르쳐줬던 영어가 좋다고. 그 학생과의 만남은 그 어떤 것보다도 내 자아실현의 욕구를 만족시켰다.

우울감을 호소하는 많은 사람들이 자신에 대한 생각을 많이 한다. '나는 누구일까?', '나는 그때 왜 그렇게 행동했을까?', '나는 어떻게 보였을까?', '나는 무슨 스펙을 더 쌓아야 할까?' 자신의 내면을 들여다보는 작업은 중요하다. 자기 인식을 높이고 감정 조절을 원활하게 하며, 자기계발을 돕기 때문이다. 그렇지만 나에 대한 생각의 굴레에 빠져 답이 없는 생각을 끊임없이 한다면, 유익할 것이 없다.

오랫동안 과학자들은 인간의 본질이 이기적이라고 말했다.

154

경쟁하여 자원을 획득하고, 이기적으로 행동해야 유전자의 전달을 증대시킬 수 있다고 말이다. 그러나 현대 신경과학계와 정신건강계에서는 이기적인 본능이 진화적으로 오히려 불리하다는 사실을 보여준다.

애리조나주립 대학교 심리학과 교수 넬슨 코피와 연구진은 친사회적인 행동이 장수와 어떻게 연관되는지 유전자 레벨을 통해 깊게 들여다봤다. 연구진은 159명의 사람들을 무작위로 네 그룹으로 나눠 4주간 그들의 백혈구 유전자 변화를 관찰했다. 첫 번째 그룹에서는 일주일에 수차례 다른 사람에게 친절을 베풀거나 소소한 즐거움을 선사하라고 요청했고, 두 번째 그룹에게는 오로지 자신을 위해서만 좋은 일을 하라고 했으며, 세 번째 그룹에게는 쓰레기를 줍는 등 인간적으로 좋은 일을 하라고 했다. 네 번째 그룹에게는 아무런 임무도 주지 않았다. 시험 결과, 다른 사람에게 친절을 베푼 첫 번째 그룹에서 위험 유전자 활동이 현저히 줄어든 것으로 나타났다. 돈을 들인 것도 아니었고, 연구원의 특별한 지도를 받은 것도 아니었다. 그저 타인에게 선한 일을 하는 것이 우리의 몸을 건강하게 코딩했다는 것이었다.

독일의 저명한 신경생물학자이자 정신의학자인 요아힘 바우어는 그의 저서 『공감하는 유전자』에서 우리는 모두 '좋은'

또는 '나쁜' 유전자를 물려받는다고 말한다. 이 나쁜 유전자는 염증, 심근 경색, 뇌졸중, 암 및 치매와 같은 질환을 유발한다. 바우어는 '인간의 게놈은 누군가에게 연주되는 피아노와 같다'고 설명한다. '좋은' 유전자를 활성화하는 라이프 스타일을 통해 아주 건강하고 아름다운 연주를 할 수도 있고, '나쁜' 유전자를 활성화해 불협화음을 낼 수도 있다는 것이다.

"인간의 건강과 질병에 결정적인 것은 누군가가 '좋은' 또는 '나쁜' 유전자를 물려 받았는가 하는 문제가 아니라, 개별 인간 삶 속에서 유전자의 활동이 어떻게 조절되느냐의 문제라고 할 수 있다. 이에 각 인간은 스스로 영향을 가할 수 있다."

그런데 '나쁜' 유전자를 받았더라도 의미 지향적인, 이타적인 삶을 중요하게 생각하는 사람들에게서 이 위험 유전자들의 활동이 줄어드는 양상이 확인되었다. 타이완에서 연구진들이 67세 이상 노인들을 대상으로 12년간 그들의 생활패턴과 노화 경과를 추적했다. 2,669명에게 연구진들이 물었다.

"누군가 당신이 일상생활을 할 수 있게 도와주나요?"
"당신이 아프다면 의지할 가족이 있나요?"

"당신이 하고 싶은 얘기가 있을 때 가족이나 친척들이 잘 들어주나요?"

또 이러한 질문도 했다.

"당신은 봉사를 하고 있나요?"
"당신은 손주나 다른 아이들을 돌봐주고 있나요?"
"가족을 위해 가사에 참여하나요?"
"당신의 가족이나 친척들을 도와주나요?"

이들의 답변과 건강 상태를 데이터하여 분석한 결과, 사회적, 정서적 지지를 받은 사람에 비해 주었던 사람이 질병을 덜 앓았고, 심장이 더 건강하게 뛰었으며, 장수했다. 타인을 도와주며 느끼는 기쁨과 사회적 결속이 우리를 갖가지 종류의 고통으로부터 보호한다는 것이다. 이러한 연구 결과는 이타적인 마음으로 타인에게 선행을 하는 사람들이 손해를 보는 것이 아니라는 사실을 보여준다. 병원비를 아끼고, 수명이 늘어난다고 하니 말이다. 이제 연구자들이 노인들에게 했던 질문을 나에게도 해보자.

"나는 다른 사람을 위해 봉사를 하고 있는가?"

"나는 가족이나 친척, 친구, 이웃을 도와주고 있는가?"

"나는 가사에 참여하는가?"

신경과학이 사회적 연대와 애정이 건강하고 좋은 삶을 위한 최고의 대안이라고 말해주고 있다. 차별이나 경쟁보다 포용과 결속을 위해 노력한다면, 각자가, 또 모두가 더 우수한 유전자를 개발시켜 보다 활력 있고 의미 있는 삶을 누릴 수 있을 것이다.

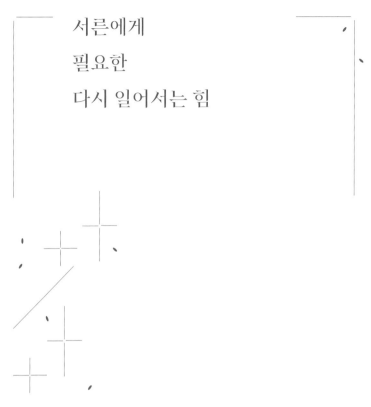

서른에게 필요한 다시 일어서는 힘

"자신이 원하는 삶을 만들어가는 힘은 자신이 직면하는 좌절이나 실패에서 회복할 수 있는 능력에 달려 있다."

자아효능감을 이론화한 미국의 저명한 심리학자 알버트 반두라가 회복탄력성에 대해 한 말이다. 회복탄력성이란 어려움이나 스트레스, 실패, 역경을 겪고 나서도 다시 일어나거나 원래 상태로 회복할 수 있는 능력을 말한다. 이것은 개인의 정신적, 정서적 강인함을 의미하며, 단순히 어려움을 견뎌내는 것만이 아니라 그 과정에서 배우고 성장하는 능력을 포함한다. 누구나 실패와 역경을 만날 수 있는데, 여기서 잘 회복하는 능력이 우리 인생의 행복을 결정짓는 것이다.

나는 요가 수련 3년 차에 플래그 풋볼이라는 격한 운동을 하다가 디스크를 겪었다. 초반에는 걷지도 못하다가 3개월 정도 회복 시간을 가진 뒤 다시 매트에 섰을 때, 나는 원래 쉽게 할 수 있던 화려한 동작들을 엄두조차 내지 못하게 되었다. 예전의 나라면 크게 절망하고 조급해했을 상황이었다. 그런데 내가 차분하게 다시 기본 동작부터 수련을 하고 있는 것이 아닌가. 어느새 나에게 작은 역경에도 불구하고 다시 도전하고 앞으로 나아가는 회복탄력성이 생겼다는 걸 실감하는 순간이었다.

많은 사람들이 자신에게 혹독해야만 잘살 수 있다고 믿는다. 특히 서른 즈음에 사회적으로나 직업적으로 많은 압박을 받으면서, 자신을 엄격하게 대하며 더 강해지려는 경향을 보인다. 일에 몰두하여 자기희생을 당연하게 여기는 사람들은 '지금은 힘들어도 버텨야 성공할 수 있다'는 생각에 과로와 스트레스를 참아내며 일하는 경우가 많다. 휴식을 나약함의 표시라고 여기며, 주말에도 쉬지 않고 일하거나 야근을 반복하기도 한다. 휴식에 대한 필요뿐만 아니라 감정적인 필요도 억누른다. 취업에 실패했을 때나 승진 기회를 놓쳤을 때, '나는 무능해' 또는 '이 정도로 힘들어하면 안 돼'라고 자신을 비판하거나 속상한 감정을 억누르며 더 혹독한 목표를 세우는 경우도 많다. 자신에게 더 엄격해야 강해진다고 믿기 때문이다.

그런데 강한 불로 연단해야만 우리가 강해지는 것일까? 도자기도 너무 높은 온도에서 구우면 녹아버린다. 그렇다고 너무 낮은 온도에서 구우면 약하고 부서지기 쉽다. 사람도 적당한 스트레스와 적당한 자기돌봄이 필요하다. 2024년 7월 듀크 대학교와 노스캐롤라이나 대학교에서는 4년에 걸친 회복탄력성에 대한 연구 결과를 발표했다. 대학생 1,137명의 설문 조사 답변을 분석했는데 스트레스 받는 일을 겪었을 때, 자신에게 비판적이기보다는 이해하고 포용할수록 빨리 회복하고 긍정적인 방향으로 변화할 수 있었다. 스트레스 받는 상황을 피하고 편안한 선택만 한다고 해서 회복탄력성이 높게 나오진 않았다. 도전하고, 스트레스를 받으면서도 스스로의 필요를 잘 돌보는 학생들이 가장 건강하고 유연한 정신을 갖고 있는 것으로 나타났다.

자기 연민을 지닌 사람들은 개인적인 목표에 실패했거나 관계적으로 어려움을 겪었을 때 우울이나 불안에 빠지기보다는 이를 더 강해지는 성장의 과정으로 받아들였다. 자신에게 연민을 갖고 돌보는 것이 이기적이라고 느끼는 사람들이 있다. 익숙하지 않으면 그렇게 느낄 수 있다. 그렇지만 자기 연민을 지닌 사람들은 보다 더 만족스런 관계를 맺고 있었고, 더 높은 삶의 동기들이 있었으며, 일을 미루지 않았다.

자기 연민의 첫 번째 단계는 자기 수용이다. 나의 필요와 욕구를 수용하려면, 나를 잘 알아야 한다. 요가나 명상은 마음과 몸을 연결하는 훈련으로, 자기 자신에 대한 수용과 친절을 실천하는 기회를 제공한다. 나를 가르쳤던 요가 선생님은 작은 요가 매트가 우리의 삶을 나타낸다고 했다.

요가는 근본적으로 다른 운동들과 다르다. 외부의 것을 만들기 위해 마음을 쓰는 운동들과 달리, 요가는 몸을 써서 마음을 단련한다. 화려한 동작을 완성시키는 것이 목표가 아니고, 자신의 페이스에 맞춰 인내하는 것을 연습하는 게 목적이다. 새로운 동작을 시도하며 근육에 통증이 느껴질 때 도망가지 않고 심호흡하며 그 자리에 머무는 연습이다(적당한 스트레스). 내가 원하는 자세가 나오지 않더라도 무리하지 않고, 나에게 친절하게 대하는 연습이다(적당한 자기 연민). 요가 매트 위에서 이 두 가지 사이에 균형을 잡을 수 있다면, 각자의 인생에도 적용할 수 있다.

Part 3

혼자여도 함께여도
나로 사는 법

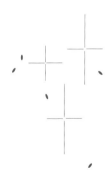

타인에게 묻기 전
자신에게
물어야 하는 질문

나의 남편 존은 LA에서 나고 자란 교포이다. 그는 자신의 뿌리에 대해 항상 궁금증이 있어서 대학을 졸업하고 부모님의 도움 없이 한국에 왔다. 내가 그를 처음 만났을 때, 그는 초등학생 아이들에게 영어를 가르치고 있었는데, 아이들이 '쫀드기 삼촌'이라고 부르며 잘 따른다고 했다. 지갑에 학생이 자신을 닮았다며 그려준 장난스런 인어 그림을 꽂고 다녔다. 그는 쌍문동 원룸에서 살고 있었다. 다른 사람이 거의 오지 않는다던 그의 공간에는 누구의 눈길을 끌 만한 화려한 물건은 없었다. 베이직한 가구들은 꾸밈없이 자기의 자리에 서 있었고, 그의 옷들은 침대 위 선반에 차곡차곡 개켜져 있었다. 더할 것도 뺄 것도 없이 딱 적당한 공간에서 나는 이상하게 편안함, 안도감을 느꼈다.

코로나로 인해 나는 뉴욕에서 시작해야 할 학교심리학 전문가 과정을 한국에서 온라인으로 시작하게 되었다. 첫 일 년 동안 '어떻게 되나 보자' 했던 우리의 만남이 이제는 '어딜 가든 함께하고 싶다'로 발전했다. 우리는 이듬해 뉴욕에서도 만남을 이어가게 되었다. 그렇게 연애 3년 차가 되었을 때, 결혼에 대한 고민이 들기 시작했다.

그러자 그의 여러 부분들이 문제로 다가왔다. 복싱을 왜 그렇게 좋아하는지. 땀에 찌든 채로 때리고 맞고 나오면서 밝은 웃음을 지으면 약간 변태 같기도 했다. 왜 영화를 볼 때면 매번 액션이나 범죄수사물만 보고 싶어 하는지. 나와 다른 점들이 거슬렸고, 더 깊은 문제들도 수면으로 올라왔다. '부잣집에 시집가야 한다'는 어머니의 바람이 생선 가시가 박힌 듯 신경이 쓰였다.

'지금은 괜찮은데 나중에 후회하면 어떡하지?' 하는 불안함과 함께 외로움이 많은 나와 달리 매우 독립적인 그와 잘 맞을까 고민이 되었다. '어느 날 그에게 내가 필요하지 않으면, 그래서 나만 덩그러니 남겨지면 어떡하지?' 하는 두려움이 엄습했다.

나는 대학원을 통해 알게 된 맨해튼 어퍼웨스트 사이드에 있는 상담사를 찾아갔다. 나의 고민을 쭉 듣던 상담사가 물었다.

"존의 여러 가지 모습을 평가하시네요. 그도 예지를 지적하나요?"

생각해보니 존은 내가 하고자 하는 공부나 취미를 늘 응원해주었다. "내가 생각과 말이 너무 많지?"라고 말하면 "그래서 좋아. 재밌어"라고 말했다. 내가 어딘가 잘못되었다거나 변해야 한다는 느낌을 준 적은 없었다.

"아주 좋은 부모의 자질을 갖고 있네요. 평가하지 않고 상대를 있는 그대로 받아주잖아요."

상담사가 말했다. 그녀는 우리 부모님에 대해서도 질문했다. 상담사는 내게 부모님에게 무조건적인 사랑을 받으며 성장했느냐고 물었다.

"무조건적이었냐고?"

부모님의 은혜와 사랑을 내가 판단하려니 낯선 불편함을

느꼈다. 부모님이 나를 최선을 다해 사랑하시는 건 의심의 여지가 없지만 여러 기대는 있으셨다고 말했다. 방학 때 한국에 들어올 때면 공항에서부터 살이 쪘다는 말을 들었고, 손님들이 집에 오실 때에는 종종 "옷이 그게 뭐야. 빨리 갈아입어"라고 말씀하셨다. 손님들이 오면 자다가도 방에서 나와 인사를 하는 것이 일상이었다. 다른 사람들의 인정과 애정을 사기 위해 나의 필요와 욕구를 뒷전으로 하는 게 익숙했다.

부모님 집은 특이한 전등, 유명한 예술가의 그림 등 화려한 것들로 꾸며져 있었다. 존의 쌍문동 원룸과는 정반대였다. 그의 원룸에서 내가 느낀 건 편안함과 안정감이었다는 걸 깨달았다. 누구에게 보여주려 꾸미지 않아도 되는, 그저 나일 수 있는 공간이었던 것이다.

"존을 부모님께 소개하기가 겁이 나겠어요."

상담사가 정곡을 찔렀다.

"네, 부모님이 존을 평가할까 봐, 그래서 존이 상처를 받을까 봐 무서워요."

이게 수면 아래 있던 진심이라는 사실을 알게 되었다. 연인이 답답하게 느껴지고 마음이 불편했던 이유는 그가 아닌 내 안에 있었다. 내 안에 부모님의 가치관과 의견이 여전히 크게 자리 잡고 있었고, 그 안에는 여전히 그들의 인정과 사랑을 받으려고 노력하는 소녀가 있었다.

그 상담 세션 이후로 나는 자기 분화 작업을 시작했다. 부모님 말고 '나'는 어떻게 생각하는가? '나'는 그가 있는 그대로 좋은가? 그러자 모든 것이 더 간단해졌다. 문제에 반은 해결된 것처럼 후련했다.

나는 내가 부모님이 원하시는 것에 너무 많은 신경을 쓰고 있었음을 깨달음과 동시에 존과 나 사이의 자기 분화 작업도 시작했다. 그가 액션 영화를 좋아하는 것은 문제가 아니었다. 내가 그를 위해 좋아하지 않는 액션 영화를 함께 자주 보면서 참았던 불만이 쌓였던 것이다. 다른 사람에게 맞추려고만 노력하는 것이 장기적으로 봤을 때 결코 좋은 것만은 아니라는 사실을 그때 깨달았다.

이후 우리는 영화를 보기로 한 밤에는 돌아가며 영화를 고르기로 규칙을 정했다. 이번 주는 〈존 윅 4〉를 보고, 다음 주는 〈어바웃 타임〉을 보는 식으로 타협점을 찾았다. 이것이 우리 사이의 경계선이었다. 그가 복싱을 좋아하는 것을 내가 이해하지 못해도 괜찮다. 그는 내가 아니기 때문이다.

돈 문제도 단순하게 다가왔다. 경제적인 앞가림에 대한 걱정은 내 것이 아니고 어머니의 것이었다. 존은 똑똑하고 성실한 사람이고, 나도 똑똑하고 성실한 사람이다. 그런 우리를 믿고, 스스로 선택하기로 했다. 부모님의 허락을 받을 필요가 없었다.

"존과 결혼하고 싶습니다."

부모님께 나의 마음과 의사를 말씀드렸고, 지금 우리는 신혼생활을 하고 있다. 각자 스스로를 돌보고, 효과적으로 소통하며, 서로를 존중하는 우리 관계는 시간이 갈수록 더 안정적으로 느껴진다.

상대가 나의 불안을 해결해주길 원하는 의존적 욕구가 클 때, 우리는 상대를 끊임없이 평가하게 된다. 나의 외로움을 해결해줄 사람인가? 나의 미래에 대한 걱정을 말끔히 없애줄 사람인가? 우리 부모님께 효도할 사람인가? 이렇게 물어보게 된다. 그리고 이것을 모두 해결해줄 사람이라고 생각되면 자신의 소울메이트를 만났다며 좋아할 것이다. 그런데 세상에 나의 모든 문제를 해결할 수 있는 사람은 없다. 지금은 해결해줄 것처럼 약속해도 미래는 어떻게 될지 모른다.

자기 자신의 몫을 할 수 있는 어른이 되었을 때, 비로소 우리는 성숙한 연애를 할 수 있다. 내가 나의 외로움을 알아보고, 스스로에게 친절할 수 있는가? 미래에 대한 걱정이 들 때 자신의 능력을 믿고 할 수 있는 일에 집중할 수 있는가? 부모님으로부터 건강한 경계선을 세우고 자신이 할 수 있는 선에서 효도할 수 있는가? 이러한 나의 능력에 대한 질문에 스스로 긍정적으로 대답할 수 있다면, 연애 상대로서 이미 훌륭한 자질을 갖췄다고 볼 수 있다.

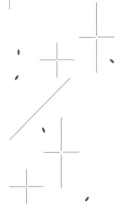

울고 있는
어린 나와
만나는 시간

나는 연애를 할 때마다 문득 느껴지는 충동이 있었다. 바로 사라지고 싶은 충동이다. 연인이 나에게 소홀해지는 것 같으면, 먹구름이 해를 가린 듯 냉정함이 찾아오곤 했다. 나는 첫 연애를 스무 살에 존스홉킨스 캠퍼스에서 시작했다. 첫 몇 개월은 눈빛만 봐도 설레었다. 그러다 연애의 허니문 시기가 지난 후 남자친구의 애정 표현이 조금씩 줄어든다고 느낄 때쯤 나는 사라지고 싶은 충동을 느꼈다. 며칠 어디에 갔다 올까 생각하며 볼티모어 주변에 있는 숙소를 알아봤다. 그리고 잠시 떠나려고 한다는 문자를 남자친구에게 보냈다. 그는 나의 문자를 받고 아르바이트를 하다 말고 기숙사로 뛰어왔다.

그때 나는 새로운 곳에 가서 바람을 쐬고 싶었던 것이 아니었다. 그해 겨울은 어딜 가나 우중충했다. 나는 그가 달려와 잡아주길, 예전처럼 나를 바라봐주길 원했던 것이다. 전 남자친구는 다정했고 나의 마음을 위로해주려 애써주었다. 하지만 그럼에도 나는 충분하지 않았다. 사랑과 관심을 받아도 부족하게만 느껴졌다.

관계 속에서 느끼는 불안감과 상대를 밀어내고 당겨주길 바라는 감정 패턴이 남편과 연애를 하면서도 나타났다. 남편이 퇴근 후 골프 채널을 보거나 골프채를 닦는 데 시간을 보내면 나는 화가 났고 방문을 쾅 하고 닫아버렸다. 낌새를 눈치챈 그가 대화를 청해도 고개를 돌리고 눈길을 주지 않았다. 이게 대체 무슨 일일까?

이러한 순간에 이성적인 나 자신은 없다. 나는 보통 상황을 객관적으로 바라보고 문제를 해결하는 데 능숙한 편인데, 연애에서 내가 잠시라도 소중하게 다뤄지지 않는 것 같은 느낌을 받으면 몸과 마음이 압도당했다. 이것이 애착 체계에서 비롯된 트라우마 반응이라는 사실을 대학원 공부를 하다가 알게 되었다. 남편이 취미나 일에 몰두하거나 다른 친구에게 집중하는 것을 보면, 어릴 적 내가 우선시되지 않았던 경험이 생각났고, 그때 내가 생존하기 위해 했던 반응이 성인이 되어서도 똑같이 일어났던 것이다.

트라우마는 개인이 감당하기 어려운 극심한 스트레스나 충격적인 사건을 경험한 후 발생하는 정신적, 정서적 반응을 의미한다. 이 트라우마에는 두 가지 종류가 있다. '대문자-T 트라우마'는 자연재해, 사고, 전쟁, 성폭행 등 끔찍한 일을 겪은 후 나타난다. 쇼크와 부정이 흔한 반응이고, 일상생활에서 스트레스 레벨이 올라가며, 몸에 염증이 일어나고, 유전자 기능에 문제가 생기기도 한다.

'소문자-t 트라우마'는 '대문자-T 트라우마'와 비교했을 때 상대적으로 덜 강력하지만 상처가 되는 일을 겪었을 때 남은 잔재이다. 따돌림을 당했던 경험, 부모가 반복적으로 내뱉은 말로 상처를 받은 것이 그 예이다. 트라우마 전문가 피터 레빈 박사는 일어나야 했을 좋은 일이 일어나지 않은 것도 트라우마에 포함된다고 말한다. 따뜻한 어른의 관심과 위로, 수용되고 소속되는 경험은 사람에게 있어 기본적으로 필요한데, 이것이 부족했을 경우 우리는 상처를 안고 살아가게 된다.

생각보다 많은 사람들이 트라우마를 안고 살아간다. 부모님이 소리를 지르며 싸우는 걸 본 아이들, 바쁘게 일하시는 부모님께 기대지 못했던 아이들, 누군가 나를 불쾌하게 만진 기억이 여전히 생생한 사람들. 모두 그 고통과 혼란 속에서 위로받지 못하고 혼자 견뎌야 했을 때, 그것이 트라우마로 남아 자꾸 재경험된다.

우리 아버지는 사업을 하셨다. 스무 살에 취직한 회사에서 40년을 일하시며 사장이 되셨다. 그 과정에서 부모님은 사업이 항상 우선이었다. 일주일에도 서너 번씩 술에 취한 손님들이 집에 왔고, 부모님은 접대를 했다. 나의 하루가 어떠했는지 부모님께 이야기할 여유는 없었다. 부모님이 골프를 치시기 시작한 후로는 함께 보내는 시간이 더욱 줄었다.

어느 날은 학교에서 아파서 조퇴를 했는데, 그 사실을 부모님은 끝까지 알지 못하셨다. 늦게까지 나가 계시는 어머니의 전화는 오빠와 여동생이 밥을 먹었는지, 설거지는 했는지가 주된 용건이었다. 엄마와 자장면을 같이 먹자던 사소한 약속은 아빠의 일정이 생기면 아무 설명 없이 무산되곤 했다. 나는 종종 투명인간처럼 느껴졌다. 그때마다 대처한 방법이 문을 걸어 잠그고 우는 것이었다. 부모님이 바쁘신 걸 알았기에 아무에게

도 말하지 않았다. 나는 그저 공부 잘하는 신경 쓰지 않아도 되는 착한 딸이 되었고, 내게도 관심과 사랑을 받고 싶은 정서적 욕구가 있다는 사실을 알아채지 못했다.

정신분석에서는 나와 같이 어린 시절 정서적 방치를 경험한 사람들을 '보이지 않는 아이들'이라고 분류한다. 이들은 과도한 독립성을 보이며 해외로 유학이나 이민을 가는 경우도 많다. 소속감을 찾아 해외에 가지만, 외국인으로서 오히려 소외감을 느끼고 힘들어한다고 한다. 박우란 정신분석가의 저서 《애도의 기술》에서는 이렇게 이야기한다.

"좋은 부모 밑에서 태어나 겉으로 화목해 보이고 자신도 행복하다고 믿었던 사람들 중에도, 고립과 소외를 심하게 느끼는 경우도 많습니다. 아무리 훌륭한 부모라도 정작 부모와 자녀 사이 접촉이 제대로 이루어지지 못하면 무척이나 어려워합니다 … 타자가 읽어 내지 못한 욕구, 그래서 욕구를 충족받지 못한 아이(주체)는 스스로 자신을 읽어 내지 못한 어른으로 성장하게 됩니다. 소외가 또 다른 소외를 낳는 것이지요. 부족하지 않은 환경이지만 내적 정체성이 고아와 다르지 않은 경우가 생각보다 많습니다."

이 부분을 읽고 나는 울음이 터졌다. 옆에서 함께 독서를 하던 남편이 당황하며 왜 우느냐고 물었을 때, 나는 어린 시절 내가 너무 불쌍하다고 말했다. 처음으로 나의 상처를 돌아보고 정확히 이해할 수 있었던 순간이다.

관계를
가로막고 있는
나의 짐

나는 열네 살에 갑자기 미국 유학을 보내달라고 해서 가족을 당황하게 했다. 출국 전날 밤 나는 영어 공부를 한답시고 영화 〈인어공주〉의 주제곡 〈Part of Your World〉를 반복해서 계속 들었다. 이 노래는 인간 세상에 대한 인어공주의 열망을 표현한 곡이다. 아틀란티스에서 모든 것을 가진 공주가 왜 목소리를 잃을 수 있는 위험을 감수하면서까지

인간이 되고 싶었을까? 강남에 살며 대치동 학원가에서 좋은 교육을 받을 수 있었던 나는 왜 한국을 떠나고 싶었을까? 그저 미국에 가서 새로운 세상을 보고 싶다는 이유로 나는 혼자 비행기를 타고 워싱턴 D.C.로 갔다. 당시에 나는 내가 똑똑하고 당돌한 아이인 줄만 알았다. 그것도 맞긴 하지만, 그 이면에는 외로운 아이가 있었던 것이다.

미국에 가서는 언어도 문화도 낯설었다. 학교에서는 투명 인간이 된 기분이었다. 친구들과 떼로 몰려다니던 내 성격은 어디 갔는지, 점심시간에는 화장실에 숨어 있었고, 스트레스로 인해 두통을 호소하며 간호실에 누워 있는 시간이 길어졌다. 그 외로움을 견디기 어려워 잠들기 전에는 아침에 눈을 뜨지 않았으면 좋겠다는 생각도 했다.

나는 한인교회 목사님 댁에서 지내고 있었다. 목사님을 따라간 한인교회에서 처음으로 소속감을 느꼈다. 나를 늘 바라봐 주시고 사랑해 주신다는 신의 존재에 많이 의지하게 되었다. 학교에 있을 때나 집에 있을 때나 속으로 기도를 하면 외롭지 않았다.

그러던 어느 날부터 교회에 새로 오신 집사님이 바쁜 목사님을 대신해 매일 저녁을 해주셨다. 집사님이 해주신 집밥을 먹으며 남편분과 롤러스케이트장에서 만난 연애 스토리를 들거나 두 분이 서로 장난을 치는 모습 등을 보며 함께 웃었다. 내가 집사님 딸아이의 머리를 땋아주기도 했다. 그 가족은 학교에서 힘들었던 나의 속 이야기를 털어놓을 수 있는, 내게는 가족 같은 사람들이었다.

하루는 집사님이 나를 불러 사실은 내가 다니던 교회의 담임 목사님이 가짜라고 했다. 집사님의 반복되는 이야기에 점점 담임 목사님을 피하게 되었을 때쯤 그녀는 나에게 진짜 리더를 찾아 뉴저지로 이사를 가자고 했다. 그녀를 가족처럼 믿고 의지했던 나는 함께 떠나려고 짐을 싸고 있는데 한국에서 전화 한 통이 걸려 왔다. 그리고 그녀가 이단 종교인 신천지라는 사실을 알게 되었다. 그 소식을 듣자마자 다리에 힘이 풀렸고, 한동안 넋이 나간 채로 지냈다.

엄마라는 존재에 대한 그리움이 큰 아이에게 매일같이 밥을 해주고 이야기를 들어주는 어른의 존재는 너무나도 소중하게 다가왔다. 나는 안정적이고 유복한 가정환경에서 자랐지만, 정서적인 연결이 결여되어 있었고, 마음은 고아의 상태였다. 나처럼 정서적으로 소외된 '보이지 않는 아이들'은 쉽게 착취 구조에 놓인다. 타인으로부터 가해지는 침범이나 착취에도 선을 긋거나 경계를 세우기 어려워하기 때문이다.

'잘못된 사람들이 올바른 교훈을 준다'라는 말을 들은 적이 있다. 어린 시절 정서적으로 혼자였던 경험, 또 유학 시절의 고통스러웠던 경험은 내게 '사람에게 소속감은 중요하구나'라는 교훈을 주었다.

나는 소속감이 인간의 발달과 생존에 얼마나 중요한지 심리학 공부를 하며 확인할 수 있었다. 누군가와 연결되길 원하는 것은 인간의 본능으로 누군가와 안정적이고 친밀한 유대 관계, 즉 애착이 잘 형성되었을 때 우리는 더욱 건강할 수 있다. 한 사람이 나를 사랑하고, 내가 필요할 때 곁에 있어 줄 것이라는 믿음을 '안전기지secure base'라고 하는데, 이것이 구축되었을 때 자신의 일에도 다른 사람과의 관계에도 집중할 수 있으며, 전반적인 삶의 질이 높아진다.

어릴 적 나는 의존적 욕구가 충족되지 못했다. 그래서 성인이 되어서도 연인을 신뢰하기까지 더 많은 노력이 필요했다. 의존할 수 있길 간절히 바라면서도 계속 방어기제가 올라왔다. 연인의 눈빛과 목소리 톤을 살펴, 이 사람이 언제 마음이 식는지 판단하려 했고, 조금이라도 조짐이 보이면 과하도록 민감하게 반응했다. 그럴 때면 나는 눈빛과 말이 날카로워졌고, 그럴수록 연인은 멀어져갔다.

20대에 나는 누군가에게 애정을 갈구하고, 나의 의존에 대한 욕구가 채워지지 않으면 연애를 끝내버렸다. 아무리 사랑 표현을 많이 해주고 잘해준다고 해도 한계가 있었다. 어느 날 나는 말했다.

"내 안에 밑 빠진 독이 있나 봐. 네가 아무리 채워주려고 해도 충분하지가 않아."

그러니 누군가를 탓할 게 아니었다. 전 남자친구들을 선택한 것도 나였고, 그들과 그렇게 교제한 것도 나였다. 친구들은 내가 너무 쉽게 누군가를 마음에 들인다고 말했다. 나는 의존에 대한 배고픔이 너무 큰 나머지 쉽게 사랑에 빠지고 쉽게 다른 사랑을 시작했다. 변화의 키는 내가 쥐고 있었다.

심리학을 공부하고 내담자들을 상담하면서 나는 이것이 나의 짐이라는 사실을 깨달았다. 연애에서 느끼는 불안과 외로움을 해결하는 것은 나의 책임이었다. 그래서 나는 감정 조절 능력과 함께 내가 필요한 것을 차분하게 나누는 소통 능력을 키우기 시작했다. 그렇게 노력한 지 5년 차, 나는 나의 10대, 20대보다 훨씬 더 안정적이고 만족스러운 30대를 누리고 있다.

왜 자꾸
불안한 연애만
하게 될까?

커플 상담을 신청한 M과 J는 20대 후반 여성과 남성으로, 친구의 생일 파티에서 처음 만났다. M은 동호회에서 J에게 강한 끌림을 느꼈다고 했다.

"J를 아주 처음 만난 자리에서요?"

"네, 운명처럼 느껴졌어요."

M이 말했다. J는 친구들이 많았고, 자주 만났다. 동호회의

회장으로 모임을 적극적으로 주도했고, 참여하는 파티나 행사도 많았다. 그와 더 많은 시간을 보내고 싶었던 M은 J와 함께 파티에 자주 참석했다. 그런데 그때마다 J가 다른 사람들과 친하게 얘기하면서 자신을 챙기지 않는 모습을 보고 그녀는 서운함을 느꼈다.

"다른 사람들과 같이 어울리는 자리에선 J는 늘 저보다 다른 사람들을 챙겨요. 그중엔 여자들도 많고, 그를 좋아하는 것 같은 사람들도 있죠. 이것이 싸움에 시발점이 돼요."

소위 말하는 금사빠 유형은 데이트 한 번에, 말 한마디에 금세 사랑에 빠진다. 애착 이론은 이들의 금사빠 성향에 대해 다소 비관적인 이유를 제공한다. 바로 자신은 과소평가하고, 타인은 과대평가하는 성향이다. 나 혼자로서는 큰 가치가 없다고 무의식적으로 평가하는 사람들 중, 거기서 오는 불안을 타인과 관계를 맺음으로써 완화하려는 부류를 '불안형 애착 유형'이라 분류한다. 이러한 무의식적인 욕구 때문에 새로운 사람이 금방 멋있어 보이는 것이다. 이들은 연애를 빨리 시작할 뿐만 아니라, 초반부터 함께 많은 시간을 보내길 원하고, 여행을 가고, 스킨십 진도도 빠르다. 자신의 친밀감에 대한 욕구를 채우기에 급급해 여유롭지 못한 모습을 보이기도 한다.

자신을 멋지다고, 소중하다고 여기지 않는 사람은 타인이 주는 사랑에 대해서도 의심을 품는다. 그래서 사랑을 반복적으로 확인받고자 하고, 연인의 반응이 기대에 미치지 못할 때, 쉽게 절망한다. 시간을 함께 보내자는 요구가 거절당하면 상처를 받고, 연인이 자신의 일이나 취미 활동에 몰두하는 것을 볼 때 질투심을 느끼기도 한다.

"M은 서운한 마음을 J에게 알렸나요?"

내가 묻자 그녀는 그가 말하지 않아도 마음을 알아주길 원했다고 말했다. 많은 사람들이 하는 실수다. 연인에게 독심술을 요구하는 것 말이다. 그것은 비현실적인 기대로, 연인은 실패할 수밖에 없는 시험을 치르는 것이나 마찬가지다. 파티가 무르익어갈 때쯤 그녀는 화가 머리끝까지 났고, 더 이상 숨기지 못했다. 그녀는 하이힐을 신고 최대한 소리를 내며 J를 지나쳐갔다.

"그런데도 눈치를 못 채더라고요!"

M의 얘길 듣고, J가 말했다.

"그날 M을 본 모든 사람들이 알았을걸요. 단단히 화가 난 표정과 말투. 그렇게까지 자신의 감정을 티 내는 게 너무 싫었어요."

결국 그날 J와 M은 각각 자신의 친구들과 집에 갔다. M은 밤새 자신의 이성 친구들에게 J가 얼마나 무정한 사람인지 욕했다. 그렇게 싸우고 난 뒤 며칠이 안 되어 J는 제주도로 여행을 떠나버렸다.

J이는 이렇게 감정적으로 구는 여자친구가 불편했다. 그녀는 기분이 상하면 공격적으로 변했고, 대화를 하다 보면 목소리가 커졌다. 그녀도 그런 자신의 모습이 부끄러웠지만, J에게 화가 나면 감정 조절이 어려웠다.

연애에서 감정 조절이 어렵다면 애착 체계를 들여다볼 필요가 있다. 애착의 대상과 멀어지는 것이 감지될 때, 불안형 애착 체계에는 비상등이 들어온다.

우리 뇌는 전에 겪었던 상처가 다시는 되풀이되지 않도록 경계하며 과도하게 우리를 보호하는 경향이 있다. 예를 들어, 특정 음식을 먹고 식중독에 걸린 경험이 있으면 그 음식의 냄새만 맡아도 구역질이 나고, 어릴 적 신체적 학대를 받았던 사람은 목소리가 큰 사람 옆에 있으면 불안해져 피하게 되는 것이다. 이러한 트라우마 반응이 일어날 때, 이성적인 정보 처리를 담당하는 전두엽은 전원이 꺼지고, 감정적인 정보 처리를 담당하는 편도체가 과도하게 활성화된다. 위급 상황으로 간주되어 빠르게 반응하기 위한 메커니즘이다. 그렇게 경계 태세를 세우게 된 뇌는 주변을 빠르게 스캔하며 위험할 만한 요소들을 잡아낸다.

문제는 이 과정이 이성적이지 않을 때가 많다는 사실이다. 사람은 자신의 신념을 확인시켜주거나 강화하는 정보를 과장해서 보고, 이와 반대되는 정보는 무시하거나 과소평가하는 경향이 있다. 이러한 인지적 기제를 '확증 편향'이라고 하는데, 트라우마 반응이 일어날 땐 더욱 걷잡을 수 없다.

M은 J가 그녀를 파티에 초대해 친구들에게 소개해주었다는 사실은 간과했다. J가 자신을 바라보는 눈빛은 대수롭지 않게 여기고, 다른 사람들을 보며 웃는 모습은 과대 해석했다.

"그녀가 씩씩대며 걸어갈 때 어떤 생각이 들었나요?"

내가 묻자 그가 목이 멘 듯한 목소리로 말했다.

"J가 날 소중하게 생각하지 않는다고 느꼈어요. 그가 나를 떠나 다른 사람을 만날 생각을 하고 있을지도 모른다고요."

그녀의 말에 옆에서 J가 크게 한숨을 쉬었다.

이렇게 자신이 버려질지도 모른다는 신호를 포착할 때마다 자동으로 일어나는 그녀의 트라우마 반응은 '항의 행동'이었다. 자신을 보라고 표정과 제스처로 티를 내고, 더욱 집착적으로 그에게 연락을 시도했으며, 그래도 진정이 안 되면 무정하다고 그를 신랄하게 비난했다. 그런 행동에 J는 지칠 대로 지쳐 있었다. 그의 연락 빈도가 낮아지자 자신을 질려한다고 확신했고, 혹시 바람을 피우고 있는 것은 아닐까 의심하며 불안감이 일상생활을 할 수 없을 정도까지 증폭되었다. 어느 날 그녀는 그에게 "이럴 거면 헤어지자"라고 얘기했고, 그는 그녀의 문자를 읽고 답하지 않았다.

이 모든 행동이 극도로 불안해진 마음을 진정시키려는 그녀의 몸부림이었다. 그녀가 정말 원했던 것은 J가 당장 집으로 찾아와 사랑을 속삭여주는 것이었는데 소통 방법이 오히려 역효과를 불러왔다.

"정말 헤어지자는 말이 아니었어요. 그것도 모르다니. 그는 정말 회피형 쓰레기에요!"

혼자 상담을 신청한 그녀는 울분을 토했다.

상대 탓만 한다면 자신이 할 수 있는 게 없어진다. M의 내면을 들여다보고 M이 변화하는 데 초점을 맞춰야 했다. 나는 그녀에게 과거에 버림받은 듯한 기분을 느낀 적이 있느냐고 물었다. 그녀는 한참 뜸을 들이다가 말했다. 그녀가 8살 때 아버지가 음악을 하겠다며 떠났다고. 잠시 여행을 가신 거라 생각하고 기다렸는데 돌아오지 않으셨다. 아버지는 자유로운 삶을 원하셨고, 이해한다고 말했다. 성인이 되어서 아버지에게 연락이 왔고, 지금도 가끔 통화를 한다고 했다. 어린 M은 아빠가 보고 싶어도 볼 수 없었고, 자신의 필요보다는 아빠의 자유를 우선시해야 했다. 어쩌면 그녀는 '나의 필요는 중요하지 않아', '나를 사랑한다고 해도 나는 곧 버려질 거야'라는 메시지를 내면화했을지도 모른다.

나는 그녀에게 아버지의 긍정적 특성과 부정적 특성을 세 가지씩 말해보라고 했다. 그녀는 긍정적인 특성으로 '예술성', '카리스마', '외향성'을 꼽았고, 부정적 특성으로 '과도한 독립성', '과도한 자유', '속을 알 수 없음'을 들었다. 나는 그녀에게 J에게도 동일하게 보이는 특성이 있느냐고 물었다. 그녀는 놀란 토끼 눈이 되어 말했다.

"완전히 겹쳐요."

나는 그녀에게 애착 재연에 대해 설명했다. M은 아버지와의 애착에서 느꼈던 불안과 결핍을 연인과의 관계에서 반복적으로 경험하고, 이를 통해 무의식적으로 '잃어버린' 애정을 회복하려고 할 수 있다는 점이다. 다시 말해, 아버지는 M에게 상처를 주었지만, 여전히 사랑하는 존재였고, M은 그런 아버지와 비슷한 사람을 만나 익숙한 사랑의 패턴을 반복하고 있을 수 있었다.

"그럼 제 팔자인 거네요."

그녀가 말했다. 나는 팔자라는 말을 지독히 싫어한다. 연인 탓을 하는 것과 같이, 팔자 탓을 하면 자신의 역할은 부정하는 것이다. 애착 체계를 들여다보는 일은 자신을 이해하고 더 건강한 방향으로 변화하기 위한 작업이지, 나 자신이나 타인을 욕하기 위한 도구로 쓰였다면 몰랐던 것만 못하다. 사람의 뇌는 성인이 되어서도 계속해서 변화한다. 그리고 변화의 키는 늘 자신에게 있다. 그것을 인지하는 것만으로도 벌써 변화는 시작된다.

나는 심리학을 공부하며 스스로 실천해온 방법을 M에게 공유했다. 첫 번째 방법은 내면의 양육자의 목소리를 키우는 것이다. 불안형 애착 유형이 있는 사람이라면, 내면의 비판자의 목소리가 클 것이다. "부모도 널 등한시했는데, 누가 널 사랑할 거 같아?", "저 사람 사실 너한테 관심 없어" 혹은 나를 하대하는 건강하지 못한 관계에 있을 때 "널 사랑할 사람이 또 있을거 같아? 그래도 이 사람은 네 옆에 있잖아. 그냥 네가 참아" 등이렇게 낮은 자존감과 두려움을 기반으로 한 목소리 말이다.

이러한 메시지들은 우리를 더욱 불안하게 만들어 자신에게 좋은 결정을 하지 못하게 한다. 나는 20대에 연애를 하던 중 이런 목소리를 많이 들었다. 하지만 이제는 가만히 듣고 있지 않고, 스스로에게 말한다.

"나는 가치 있는 사랑스러운 사람이야", "나는 나의 필요와 욕구를 표현할 권리가 있어", 그리고 "이 사람이 즉각적으로 나를 채워주지 못해도 난 괜찮아."

20대 중후반에 이별을 겪고 매일 울던 때가 있었다. 일하다가도 울고, 길을 걷다가도 울고, 카페에서도 울었다. 어느 날도 출근길에 사람들로 꽉 찬 지하철 안에서 문 유리에 비친 퉁퉁 부은 눈의 내 모습을 보고 있었다. 그 순간 나는 스스로에게 말했다.

'나를 존중해주는 사람과 행복하게 살 거야.'

그때부터 수년간 이런 자존감을 높이는 메시지를 반복해서 들으니, 연애를 하는 동안 나의 몸은 경계 태세에 들어가는 빈도수가 줄었다. 연인의 무관심함에 살짝 불안해지더라도 금방 안정을 취할 수 있게 되었고, 편안한 자세와 여유로운 표정으로 차분하게 소통할 수 있었다.

자신에 대한, 사랑에 대한 긍정적인 신념을 키워감과 동시에 효과적인 소통 방법도 연마했다. 남편 존에게 "너는 콘텐츠를 너무 오래 시청해! 나에겐 관심도 없지?"라고 쏘아붙이지 않고 "나 오늘 좀 쓸쓸해. 나를 안아줄래?"라며 내가 정말 원하는 말을 용기 내서 했다. 그러자 이전에는 "내가 얼마나 봤다고 그래! 퇴근하고 잠시 쉬지도 못해?" 하며 나의 비난에 방어 자세를 취하던 사람이 기꺼이 팔을 벌려 나를 꼭 안아주었다. 내가 정말 원하는 대로 내 마음을 헤아림 받을 수 있게 된 것이다.

나는 M에게 그 파티를 하던 밤에 알아주길 바랐던 그녀의 수동 공격적 소통 대신 자기주장적 소통을 연습해보자고 제안했다. '너는' 화법은 상대를 방어적이게 할 수 있으니 '나는' 화법을 써보자고 했다. '나는 (상황)에 (감정)을 느껴' 이렇게 말이다. 그녀가 곰곰이 생각하더니 말했다.

"나는 J가 파티에서 친구들과 어울리는 걸 보고, 소외감을 느꼈어."

너무 좋았다. 그런 다음 원하는 걸 이야기해보자고 말했다.

"다음에는 중간중간 나의 옆에 앉아주고 친구들 대화에 나도 낄 수 있게 도와줄래?"

이것 역시 좋았다. 이렇게 자신의 감정을 표현하고 문제 해결에 집중했을 때, 상대도 긍정적이고 협조적으로 반응할 확률이 높다.

혼자가
편한
사람들

M만 특정한 연애 패턴을 반복했던 것이 아니었다. 그녀는 연애에서 늘 사랑을 갈구했다면, J는 늘 요구하는 것이 많은 상대와 연애하며 자신이 부족한, 나쁜 사람처럼 느꼈다. 한 명은 도망가고, 한 명은 쫓아가는 이러한 연애 패턴을 많은 사람들이 경험한다.

애착 관계에서 이렇게 반대의 성향을 보이는 두 사람이 왜 서로에게 끌리는 것일까? 그 이유는 바로 무의식적 신념에서 찾을 수 있다. 불안형 애착을 형성하는 사람은 자신에 대한 믿음이 낮고 타인이 자신보다 낫다는 신념을 갖고 있다. 그래서 독립적이고 다른 사람을 필요로 하지 않는 회피적인 사람이 매력적으로 보인다. 자신의 신념에 맞는 이상형인 것이다. 사랑에 대한 신념에도 딱 들어맞는다. '사랑은 원래 얻기 힘든 것', '멀리 있는 것'이라고 믿고 있다면 회피형만큼 잘 맞는 상대가 어디 있을까.

반대로 회피형 애착을 형성하는 사람은 '혼자가 낫다', '나 혼자선 안전한데, 타인과 가까워지면 위험하다'는 신념을 바탕으로 자신에 대해서는 긍정적으로 생각하나, 타인에 대한 신뢰는 매우 낮다. 그래서 독립성을 중요시하고, 연애에서 자신을 잃게 될까 봐, 실패감을 느낄까 봐 두려워한다. 그리고 불안형이 시간을 더 보내자고, 표현을 더 해달라고, 확신을 주라고 요구할 때 절망한다.

불안형이 부정적인 신념을 확증하듯, 회피형 역시 자신의 부정적인 신념을 확증하게 된다. 그럴 때 회피형은 다정한 말을 줄이거나 연락을 줄임으로써 거리를 확보하려는 노력을 한다. 그래서 회피형은 한 사람과의 깊은 관계보다는 여러 사람과 얕은 관계를 유지하고 있는 상태일 확률이 높다. 또한 정작 자신이 아프거나 도움이 필요할 때, 누군가에게 의지하지 못하고 스스로를 고립시키는 성향을 보인다.

커플 상담에서 가장 중요한 목표 중 하나는 그들의 핵심 감정을 파악하는 것이다. 이 핵심 감정은 두 사람에게 도움이 되지 않는 각자의 방어기제가 철통방어를 하고 있다. 어려서부터 여러 감정이 잘 받아들여져 본 경험이 적을수록 이 방어기제를 뚫는 데 노력과 기술이 필요하다.

M은 비교적 빠르게 핵심 감정에 닿을 수 있었다. 그녀의 분노 뒤에 가려져 있던 핵심 감정은 외로움과 유기에 대한 불안이었다. 그런데 그녀가 '너무 징징댄다', '많은 걸 요구한다' 등 불만을 토했던 J의 핵심 감정은 무엇이었을까?

"어떻게 해야 할지 모르겠어요."

다섯 번째 세션이 되어서야 그가 말했다.

"그녀가 그렇게 부정적인 감정들을 토해내면 저는 패닉이 와요."

"그럴 때 드는 생각이 있나요?"

내가 묻자, 그는 말했다.

"어떻게 저렇게 자기만 중요할까 하는 생각이 들며 분노가 치밀어 올라요."

"M이 J의 필요는 봐주지 않고 있단 말이네요."

그는 늘 그렇다고 했다. 가정에서 그의 필요는 누가 봐주었느냐고 묻자, 그는 어머니가 생활고로 힘들어하셨고 걱정이 많으셨다고 했다. 어머니는 J에게 공부에 대한 압박을 많이 주셨고, 20대 초반까지 몇 시에 들어오느냐는 등 집착적으로 연락을 자주 하셨다. 어머니는 종종 J가 얼마나 자신의 속을 썩이는 아들인지, 힘든 부모를 도와주지 않는 매정한 아들인지 비난했다.

"혼자가 편하신 이유가 이해가 되는데요."

J의 삶에서 그의 욕구와 필요는 존중되지 않았고, 늘 애착의 대상의 욕구만이 강요되어 왔던 것이다. 우리는 어려서부터 감정을 들여다보고 적절하게 다루는 법을 부모의 모습을 통해 배우는데, J의 어머니는 자신의 감정을 성숙하게 소통하기보다는 J의 탓을 하고 통제하는 방어기제를 보였다. 그런 과정에서 J는 일과 취미 등에 집중함으로써 자신의 감정을 꾹꾹 누르고 신경을 꺼버리기만 했다. 우리는 우리가 자신에게 허락하는 감정의 깊이만큼 타인의 감정도 포용할 수 있다. 자신의 감정과도 거리가 있던 J에게 M의 감정은 더욱더 버거웠을 터였다.

"M과 있을 때 저는 자꾸 나쁜 사람이 돼요."

"자꾸 죄책감을 느끼게 되는 관계가 편한 사람은 아무도 없어요. 어떻게 생각하세요?"

나는 M을 향해 물었다. 그녀는 전혀 몰랐다고 했다. 상처를 주려고 한 것이 아닌데 자신이 어머니와 같은 상처를 준 것 같다고 했다. 회피형은 친밀한 관계를 원치 않는 것이 아니다. 과거에 애착 관계에서 만족스러운 상호작용을 하기보다는 자신의 욕구가 늘 거부당했기 때문에, 자신을 보호하기 위해 회피하는 것이다. 이러한 애착 패턴은 아주 어렸을 적부터 형성된다.

존 볼비의 애착 이론을 확장시킨 발달심리학자 매리 애인스워스는 생후 9개월에서 18개월 된 아이들을 데리고 '낯선 상황'이라는 실험을 했다. 어린아이가 보호자와 분리되었다가 다시 재회하는 과정을 관찰해 아이의 애착 유형을 연구한 실험이다. 다른 아이들이 엄마와 분리되면 불안해하며 엄마를 찾았다. 그런데 엄마가 떠났을 때 울지도 않고, 엄마가 돌아왔을 때 반가워하지도 않은 '세상 쿨한' 아이들이 있었다. 추가적으로 실험을 진행한 결과, 엄마가 떠났을 때, 또 돌아왔을 때, 아이들의 심박수가 올라가고, 스트레스 호르몬인 코르티솔도 올라갔다는 것이 발견되었다. 아이들이 겉으론 무관심해 보이지만, 사실 감정 표현을 억누르고 있었던 것이다.

애인스워스와 실험자들은 이들을 회피형 애착 유형이라고 불렀다. 회피형 애착 유형은 정서적 필요(가용성, 반응성, 일관성)가 충분히 채워지지 않을 경우 형성된다. 부모의 따뜻함이 필요했을 때 그 욕구가 공감받고 채워지기보다는 외면받거나 거절당했을 수 있다. 상처를 주려던 의도가 아닌데 부모가 자신의 감정을 잘 수용하고 처리하지 못하면, 아이의 감정도 받아줄 수 없게 된다. 그래서 아이는 관계에 대한 기대를 갖지 않고 씩씩한 척하며 자라야 했던 것이다.

'내가 엄마에게 안아달라고 하면 거부할 거야', '내가 정말 엄마가 필요할 때 난 의지할 수 없을 거야' 등 부정적인 신념이 연애에서도 발동하고 있진 않은지 점검해볼 필요가 있다.

J는 M이 너무 다가올 때면 불안감이 올라갔다. 그럴 땐 그녀와 거리를 확보하기 위해 더 일과 운동에 몰두했다. 자신이 힘든 일이 있을 땐 더욱 혼자이고 싶었다.

"맞아요. 무슨 일이 분명히 있는데, 도통 말을 안 해줘요."

M이 말했다.

"당신이 정말 힘이 들 때 M에게 얘기하면 어떨 것 같아요?"

내가 J에게 물었다.

"굳이 안 그러고 싶어요."

"왜죠?"

"문제가 해결되지 않을 테고. 제가 나약하고 찌질해 보일 테니까요."

나는 서로의 나약한 모습까지도 보일 수 있고 받아들여질 수 있을 때 안전기지가 형성되며, 그것이 두 사람에게 엄청난 힘의 원천이 될 수 있다고 설명했다. J는 그런 건강한 의존의 힘을 경험하지 못했던 것뿐이었다.

"J가 힘들었다고 하면, M은 그를 나약하다고 비판할 것 같나요?"

내가 묻자 M은 그렇지 않다고 말했다.

"절대로 아니에요. 누구나 힘든 일이 있잖아요. 그의 편을 들어줄 것 같아요."

J가 몸이 경직되어 있더니 크게 심호흡을 하고 좀 더 감정을 표현하도록 노력해보겠다고 했다. 감정이 계속해서 거부당했던 경험이 있었던 사람은 감정을 표현하는 것이 불필요하고 무섭게 느껴질 수 있다. 어렸을 적 우리는 부모님의 관심과 사랑이 필요했다. 선택이 없었다. 그런데 이제 우리는 성인이다. 우리의 용기에 일관된 따뜻함으로 대답하는 사람을 선택할 수 있다.

상담을 시작한 지 3개월 차 되던 때 두 사람은 연애에 꽤 만족하게 되었다고 말했다. 처음 왔을 때 그들은 '헤어지기 전에 이거라도 해보자' 하는 심정으로 왔었다. 서로의 방어기제에 찔려 상처투성이였고 말이 통하지 않았다. 상담을 통해 두 사람은 처음으로 각자의 상처와 서로의 상처를 볼 수 있었다. 관계에서 가장 큰 변화가 무엇이냐고 묻자, M은 과민 반응하지 않고 차분하게 자신이 원하는 걸 소통하게 된 것이라 했고, J는 그녀가 자신의 자유 시간을 더 존중해줘서 행복하다고, 요즘은 '보고 싶다'는 낯간지러운 말도 한다고 말했다. 그들은 각자가 과거의 상처로부터 벗어나 새로운 행복을 찾아가고 있었다.

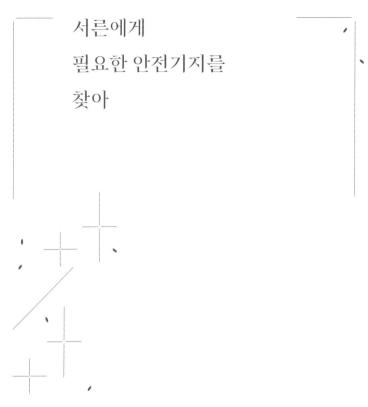

서른에게
필요한 안전기지를
찾아

　　　　　나는 대학원 3년 차에 LA에 있는 초등학교
에서 학교 심리학자 인턴으로 일했다. 2주에 한 번씩은 그 인
턴십을 잘 해낼 수 있도록 돕는 수업을 들었다. 내가 현장에서
진행하는 상담, 그리고 심리교육적 검사에 대해 코칭을 받는
수업이었다. 학기 말에 내가 느끼기에 가장 흥미롭고 어려웠던
케이스를 발표해야 했다. 나는 3학년 여자 학생을 대상으로 했

던 케이스를 골랐다. 그녀는 멕시코에서 온 이민 가정의 셋째 딸이었다. 학업이 많이 뒤처지고 있어 교사가 심리교육적 평가를 의뢰했다. 교사와 부모, 아이를 인터뷰하고 IQ와 심리정서 테스트 등 여러 검사를 해보니, 아이는 친구들과 제대로 대화를 나누지 않았고, 남들이 잘 알아들을 수 없는 혼잣말을 많이 했다. 글을 읽고 이해하는 능력도 많이 뒤처져 있었다. 나는 주변 사람들과 상호작용이 잘 안된다는 사실에 주목해, 부모님에게 자폐증 설문지를 작성하게 했다. 결과에 학생이 자폐스펙트럼 장애를 가졌을 가능성이 높게 나왔다. 나는 학생의 필요를 정확히 파악하기 위해 더 정밀한 검사가 필요하며, 특수교육 지원이 도움이 될 것이라 주장했다.

그런데 40페이지 가까이 되는 리포트를 요약한 나의 발표가 끝나자 교수님의 신랄한 비판이 시작되었다. 부모의 모국어가 스페인어라 아이가 영어를 배우는 중일 수 있는데 아이의 스페인어 능력을 제대로 평가해보지도 않고 어떻게 이런 결론을 내렸냐는 것이 요지였다. 하지만 내가 느끼기에 아이의 뒤처진 발달은 언어 능력과 별개의 문제였다. 사실 나는 이미 부모에게 아이가 스페인어는 잘하는지 물어봤고, 아이가 영어도 스페인어도 잘 못한다는 대답을 들었다. 스페인어를 하는 다른 심리학자를 통해 말을 알아듣는지 검사도 해보았는데 결과는 같았다. 그래서 나의 의심은 합리적이었다. 하지만 반 전체 앞에서 나는 교수님의 말을 끊지 못하고 20분 넘게 그녀의 비판을 들었다. 몸은 경직되었고, 입은 떨어지지 않았다. 수업을 마칠 시간이 다 되어서야 나는 작은 목소리로 실은 검사를 다 해보고 내린 결론이라고 주장할 수 있었다. 그제야 교수는 왜 그걸 이제야 말하느냐고 다그치며 내 결론에 타당성을 인정해주었다. 그리고 더 정밀한 검사를 위해 해볼 수 있는 검사지를 몇 가지 추천해주셨다.

주차장에 걸어가 운전석에 앉았을 때, 나는 덜덜 떨고 있었다. 사람들 앞에서 당당하게 할 말을 하지 못한 것이 창피했고, 답답한 나 자신에게 화가 났다. 그때 나는 당시 약혼자였던 남편에게 전화를 걸었다. 나의 떨리는 목소리를 듣고, 남편은 무슨 일이 있었느냐며 침착하게 나의 얘기를 들어주었다. 한참 나를 다독이고, "많이 배고프지? 어서 집에 와. 나랑 타코 먹자"라고 말하는 남편의 목소리를 들으니 몸과 마음이 다시금 차분해지고, 온기가 돌았다. 나는 그가 나와 함께라는 사실을 확인함과 동시에 이 세상이 더욱 안전하게 느껴졌다. '오늘은 창피했고, 나는 부족하지만 이 경험을 기반으로 다음에 더 잘하면 되지'라는 생각이 들었다. 이 경험은 애착으로 인해 나오는 긍정적인 정서적, 신체적 반응의 예이다. 우리는 혼자일 때보다 둘일 때, 스트레스를 더 잘 극복하고, 더 쉽게 회복할 수 있으며, 다시 용감하게 도전할 수 있다.

애착 이론의 창시자인 정신분석가 존 볼비는 우리가 태어날 때부터 생존을 위해 보호자와 정서적 유대감, 애착을 형성하려는 본능을 가지고 있으며, 이 애착을 요람에서 무덤까지 지속적으로 추구한다고 설명했다. 어릴 적에는 부모와, 성인이 되어선 연인과 가까이 있고 싶어 하고, 그렇지 못하면 불안감을 느끼는 이유는 애착이 우리로 이 혼란스러운 세상에 혼자가 아니라는 안정감을 선사하기 때문이다.

이렇게 평생 가져가는 애착의 욕구를 많은 사람들이 연애를 하며 처음 인지한다. 누구보다 쿨하던 자신이 누군가의 연락에 웃고 울며, 이별 후에는 세상이 끝난 것처럼 느껴지기도 한다. 어떤 사람들은 연애에서 매번 '을'이 되고, 어떤 사람들은 도통 연애가 깊어지는 것이 어렵다. 이런 자신의 모습이 의아하다. '연애를 꼭 해야 하는가?' 의문을 갖고 독립성을 선호하는 사람들도 있다.

역설적이게도, 의존성과 독립성은 함께 간다. 누군가가 나를 사랑하고, 내가 필요할 때, 곁에 있을 것이라는 믿음은 우리를 더욱 용감하고 독립적일 수 있게 한다. 이것은 든든한 집이 되어주는 '안전기지' 덕분이다.

발달심리학자 매리 애인스워스의 낯선 상황 실험에서 안정적인 애착이 형성된 아이들은 낯선 공간에서 엄마를 베이스처럼 이용해, 낯선 공간과 물건을 탐색하고 중간중간 엄마에게 돌아왔다. 엄마가 나가고 낯선 사람과 남겨졌을 때, 이 아이들은 불안해했지만 엄마가 돌아오면 바로 반가워했다. 엄마가 언제나 거기 있을 것이며 정서적으로 자신을 서포트해줄 것이라는 믿음이 적극적이고 자발적인 탐색 활동과 원활한 감정 조절을 가능하게 하는 것이었다. 이 현상을 '의존의 역설'이라고 한다. 임상 심리학자이자 부부 치료 전문가인 수 존슨은 이 효과적이고 건설적인 의존이 인간의 가장 큰 힘이라고 주장한다.

의존성과 독립성은 상반된 개념으로 보이지만, 사실상 서로를 보완하며 함께 존재할 수 있다. 안정적인 애착을 기반으로 한 신뢰 관계는 개인이 새로운 환경에 도전하고 자신의 잠재력을 발휘할 수 있도록 돕는다. 따라서 우리는 의존성을 부정적으로 바라볼 것이 아니라, 그것이 독립성과 자아 성장을 촉진하는 중요한 요소임을 인식할 필요가 있다.

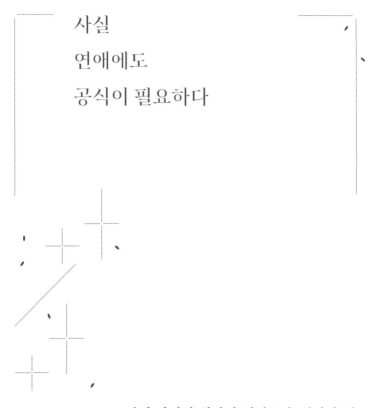

사실
연애에도
공식이 필요하다

　　　　　　　　잠시 아기의 입장이 되어보자. 자다가 일
어났는데 주변이 깜깜하다. 스스로를 보호할 수 없는 아이는
극심한 두려움을 느끼고, 힘껏 울어서 도움을 청한다. 그러자
문이 열리고 문틈 사이로 불빛이 들어온다. 보호자가 따스한
손길로 자신을 달래준다. 아이는 서서히 두려움이 사라지고 안
정감을 느낀다. 아이들은 스스로를 보호하거나 음식을 구할 수

없기 때문에 보호자와 물리적, 정서적으로 친밀함을 유지해야
만 성장할 때까지 생존할 수 있다. 그래서 보호자와 연결됨은
아이들에게 무엇보다 중요하다.

이러한 경험이 지속적으로 쌓이면, 이 아이에게 세상은 그
렇게 무서운 곳이 아니다. 혼자가 아니기 때문이다. 나의 신체
적, 정서적 욕구를 섬세하게 알아보고 충족해주는 사람이 존재
하기 때문에 아이는 단단하고 자신감 있게 자라난다. 안정적인
애착은 아이의 일생에 걸쳐 정서적 안전감, 친구들과 맺는 관
계, 성적, 그리고 연애 만족도까지 예측한다고 한다. 안정된 애
착의 핵심은 다음과 같다.

가용성 아이가 필요할 때 보호자가 곁에 있다.
반응성 아이의 비언어적 의사소통 단서를 보호자가 민감하게 알
아차리고 그에 맞게 반응한다.
일관성 아이의 입장에서 보호자의 가용성과 반응성이 예측 가능
하다.

이것이 잘 충족되었을 경우, 아이는 자라나서 건강하고 안
정적인 연애를 하게 된다. 썸부터 연애, 결혼까지 너무나 안정
적인 커플들이 있지 않은가. 이러한 커플은 갈등이 있어도 대

수룹지 않게 잘 풀고 헤쳐 나간다. 이들의 '사랑의 지도'에는 대부분 사랑에 관한 긍정적인 길이 많이 뚫려 있다. 안정된 애착 체계를 가진 사람들에게 사랑은 필요할 때 거기 있어 주는 것이고, 마음을 잘 헤아려주는 것이고, 쉽게 변하지 않는 것이다. 안정형 애착 유형으로 분류되는 이들은 시간이 지날수록 연인에게 신뢰를 주며 친밀하고 건강한 연애 관계를 유지한다.

H는 전 연애에서 여자친구가 집착이 심했다고 했다. 여자친구는 수시로 휴대전화를 검사했으며, 그는 그녀에게 누구와 어디에 있을지 미리 보고해야 했다. 일이 바빠서 연락을 하지 못하면 그녀는 자신을 사랑하지 않느냐며 그의 마음을 의심하기 일쑤였다. H는 자신이 아무리 노력해도 그녀를 만족시키는 것이 힘들다고 느꼈다. 결국에 그녀는 더 좋은 사람을 만났다며 그를 떠났다.

혼란 속에 몇 개월간 이별을 겪은 후 H는 S를 만났다. H는 여전히 바쁜 직장 생활을 하고 있었다. 전 연애에서 학습한 대로 연락을 자주 하려 노력했지만, 하루는 직장에서 중요한 프로젝트가 끝나고 회식이 길어져 여자친구에게 메시지를 보내는 걸 깜빡했다. H는 불안한 마음으로 S에게 사과했고, S는 곧 괜찮다고 말하며 그의 하루가 어땠는지 물어봤다. H는 그 메시지를 보고 미소가 지어졌다.

S의 신뢰와 여유 있는 반응이 그를 편안하게 했다. 친구들은 H가 변했다고 말했다. 그는 친구들의 얘기를 더 경청하고 함께 있는 시간을 즐길 수 있게 되었다. S와 만나며 '이런 것이 연애구나'라고 느꼈고, 본인도 S를 믿고 지지해주고 싶었다. 그런데 S가 회식을 하면, 그 자리에 남자들도 함께 있는 것이 신경 쓰였다. 그래서 회식 자리를 마친 그녀가 자신에게 하루가 어땠느냐고 묻는 메시지에 '그냥 그랬어'라고 퉁명하게 답장을 했다. 그녀는 바로 전화를 했고, 그는 솔직하게 조금 질투가 났다고 말했다. 그녀는 그런 그를 이해하고 귀여워하며 자신의 눈에는 H밖에 들어오지 않는다고 한 번 더 신뢰를 주었다.

그녀는 목소리가 커진 적이 없었다. "피곤해서 오늘은 이만 자야겠어", "우리 뭐라도 먹자. 지금 배고파서 좀 예민해지고 있어" 등 본인의 감정을 잘 파악하고 정확하게 표현했다. 속상할 때도 마찬가지였다. "오빠가 어제 카페에서 스마트폰만 보고 있으니까 기분이 좋진 않더라고. 다음에 데이트할 때는 나에게 좀 집중해줘" 하며 화를 식히고 나서 차분하게 소통했다. 그렇게 둘 사이의 갈등은 오히려 서로의 의견과 감정을 알아봐주고 관계가 더 돈독해지는 기회가 되었다.

H와 S의 모습이 바로 '안정형 애착'의 모습이다. 이들의 일

화에서 볼 수 있듯이 안정형 애착 유형은 자신과 타인의 의견과 시간을 존중할 뿐만 아니라, 감정 조절 능력도 뛰어나다. 스스로의 감정을 파악하고 효과적으로 소통해서 괜한 오해나 서운함이 쌓이지 않게 한다. 그래서 함께하는 연인도 점점 더 안정형으로 변하게 되는데 이러한 것을 '버퍼링 효과'라고 한다. 그렇다면 안정형을 알아볼 수 있는 특징은 무엇일까? 다음 장에서 이에 대해 자세히 살펴보도록 하자.

성숙한 연애를
하는 사람들의
특징

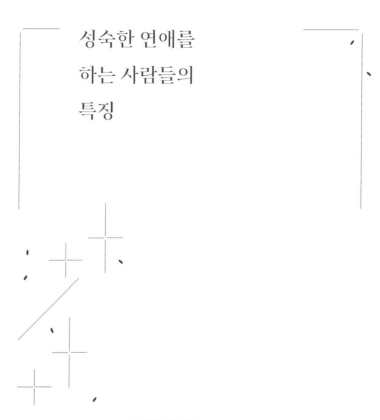

밀당을 왜 해?

"관계는 친밀감이다. 나도 연인과 친밀하길 원하고, 상대도 그러하길 원한다. 만일 호감이 가는 사람이 밀당을 한다면, 나의 짝이 아니라는 증거다. 진짜 사랑에는 밀당이 필요 없기 때문이다."

직진남, 직진녀를 들어본 적이 있는가? 안정형에게 밀당은 없다. 보통 밀당은 상대에게 직진하기에는 마음이 아직 확실하지 않거나 성급히 다가갔다가 잘못될지도 모른다는 두려움 때문에 하게 된다. 그런데 안정형은 친밀함에 대한 불편함이 없어서 한 사람에게 호감을 느끼고 알아가고 싶다고 느끼면 직진하는 일관된 스탠스를 보인다. 또 서로를 알아가는 단계에서 상대를 헷갈리게 하지 않는다.

용감한 사랑꾼

"한 사람을 신뢰하고 마음을 주었다가 배신을 당하면 어떻게 하느냐고? 물론 아프겠지만 금방 괜찮아질 거다. 처음부터 겁먹고 도망갈 필요 없다."

누가 봐도 사귀는 사이인데 남자친구, 여자친구라고 부르지 않는 사람들이 있다. 정서적 친밀감과 육체적 친밀감을 구분해서 상대를 그저 '파트너'라고 정의하는 사람들도 있다. 이러한 행동들은 친밀감에 대한 두려움에서 비롯된다. 그런데 친밀감이 편안한 안정형은 마음과 몸, '사귀는 사이'가 같이 간다. 자신감이 있기 때문이다. 이 자신감은 과장되어 꾸며진 '난 괜찮아'가 아니라 공격에 취약해지는 걸 감수하는 모습으로 나타난다. 나의 연약함을 드러낼 수 있는 자신감인 것이다. 나의 마음을 주었는데 누군가 받지 않는다고 해서, 상처를 준다고 해서, 자신에게 문제가 있거나 앞으로 연애를 못 한다고 확대하여 해석하지 않기 때문이다. 그래서 안정형은 이별한 후에도 건강하게 회복한다.

내 연인은 1순위

"내 연인은 나와 가장 친밀하고 소중한 사람이다. 우리는 서로를 신뢰하고 누구보다 서로에게 가장 잘 해준다."

안정형이 연인을 가장 소중히 대할 수 있는 이유는 어린 시절 누군가에게 자신이 가장 소중한 사람이었던 경험이 있기 때문이다. 나의 연인은 나에게 최고의 대우를 받아야 마땅하다고 생각한다. 안정형 연인은 상대가 정서적으로 또 육체적으로 필요한 게 무엇일까 고민하고 챙겨주려고 노력한다.

연애는 쌍방향

"나는 연애에 올인하고, 상대도 올인하길 기대한다. 물론 페이스가 다를 수 있다. 그렇지만 계속해서 나만 양보하고 지지한다면, 그만 보내야 할 때이다."

안정형 연인은 상대를 신뢰하고 올인하는 성향 때문에 상처 받는 연애를 경험하기도 한다. 연인이 바람을 피우거나 언어적, 신체적으로 폭력적이더라도 일단 참고 기다리기 때문이다. 그렇지만 상대에 대한 존중감이 높은 만큼 자아존중감도 높다. 그래서 자신을 소중하게 대하지 않는 연애를 지속하지는 않는다.

갈등 해결 능력

"갈등이 있을 때 연인과 이야기하면 문제가 해결될 것이다. 이것은 서로를 이해하고 관계가 더 돈독해지는 기회다. 연인이 자신을 비난하더라도 연인의 말 뒤에는 두려움과 걱정, 불안 등의 감정이 숨어 있을 것이다. 기분 나쁘게 받아들이지 말고, 차분히 소통해보도록 하자."

커플들이 별일 아닌 문제로 이야기를 나누다가 나중에 큰소리를 내고 서로 상처투성이가 되는 경우가 많다. 각자가 방어적이게 되고 방어의 수단으로 공격을 할 때 싸움이 일어나는데, 안정형은 방어적으로 대응할 필요를 못 느낀다. 그들은 상대에게 상처를 주거나 벌을 주려고 하지 않는다. 어린 시절부터 대화를 통해 갈등을 해결해본 경험이 많기 때문이다. 이들은 부모님이 문제 상황에서 서로 대화를 통해 더 가까워지는 걸 보며 자랐을 것이다. 또 자신이 기분이 나빠서 투정을 부렸을 때, 부모님이 자신의 감정을 잘 읽어주고 위로해주었을 것이다. 그렇기 때문에 안정형에게 갈등은 피할 것이 아니다. 서로를 이해하고 관계를 개선시키는 기회이다.

잘 이별하는 법,
애도의 5단계

"이별을 한 상태입니다. 어떻게 하면 재회할 수 있을까요?"

"이별을 겪었습니다. 어떻게 하면 빨리 잊고 괜찮아질 수 있을까요?"

유튜브 채널 구독자들과 내담자들에게 내가 가장 많이 받는 질문이다. 두 질문에는 모두 이별 후 느끼는 감정에서 빨리 벗어나고 싶은 간절함이 담겨 있다. 이별은 매우 고통스럽다. 가수 백지영의 노래 가사처럼 이별은 마치 총 맞은 것처럼 아프다. 뇌에선 실제로 심장이 고통을 느끼는 것으로 인식한다고 한다. 손가락 사이로 피가 흘러내리지 않아도 우리는 총상을 입은 것이다. 총상을 입은 사람에게 "정신 차려! 똑바로 일어나 걸어"라고 한다면 잔인하고 비현실적이지 않은가? 그런데 우리는 종종 마음의 고통을 실제가 아닌 것처럼 취급할 때가 많다. 아파하는 사람을 재촉하고 채찍질하진 말아야 한다.

사랑하는 사람과 이별하는 것은 시간이 걸린다. 나는 첫사랑과 6년의 연애 끝에 헤어졌다. 그리고 그 후로 8개월 동안 애도 과정을 거쳤다. 심리학을 공부하며 이때 내가 심리학자 엘리자베스 퀴블러 로스가 말하는 애도의 5단계를 거쳤다는 사실을 알게 되었다.

애도의 첫 번째 단계는 부정이다. 충격에 빠진 상태로 익숙했던 삶이 한순간에 변한 것에 대한 반응이다. 매일 아침 인사를 하던 사람에게 인사하지 못하고, 일상 곳곳에서 그 사람의 빈자리가 휑하게 남아 있다. 그래서 많은 사람들이 진짜 헤어진 것이 아닐 거라 생각하고 다시 재회할 수 있을 거라는 희망을 붙잡는다. 나는 당시 미국에 있던 전 남자친구에게 계속해서 메신저를 보냈다. "잘 지내? 얘기 좀 하자"식의 흔히 이별 후 묻는 이야기들이었다.

나는 답장을 받지 못했고, 크리스마스 때 편지와 선물, 또 내가 노래하는 영상을 USB에 넣어 소포로 보냈다. 이렇게 하면 바로 그에게 전화가 올 줄 알았다. 부정 단계에서는 '현실'이 아닌, '바람직한 현실' 속에 살고 있는 것이다. 이러한 부정과 충격 상태는 우리로 슬픔의 감정을 천천히 처리하게 해준다. 슬픔에 한 번에 압도되지 않도록 충격을 분산시키는 것이다. 그러나 곧 현실을 직시하는 순간이 다가온다. 억누르고 있던 감정들이 표면으로 드러나기 시작한다.

두 번째 단계는 분노이다. "왜 나에게 이런 일이 생겼지?", "어떻게 나한테 그럴 수가 있지?" 이별하게 된 상황이나 상대에게 화를 내는 단계이다. 이별 후 밀려오는 분노는 너무나 자연스러운 감정이기 때문에 충분히 느껴야 하지만, 이때 우리의 태도나 행동으로 옮겨지지 않도록 조심해야 한다.

다음 단계는 타협이다. 안 좋은 일이 일어났을 때, 신과 거래를 해본 적이 있는가? 나는 이렇게 제안했다.

"그와 다시 만난다면, 나는 춤을 추지 않을 거예요. 인스타그램에 춤 영상도 올리지 않을 거예요."

그가 내가 춤추는 걸 싫어했기 때문이었다. 타협의 단계는 일종의 거짓 희망을 갖는 단계이다. 슬픔을 피할 수 있다고 스스로를 속이며 슬픔 이전으로 돌아가기 위해 큰 변화를 기꺼이 받아들이려 하는 것이다. 이때에는 '만약에' 사고도 동반될 수 있다. '만약에 내가 조금 더 성숙했더라면' 하는 후회를 하는 것이다. 나는 내 탓을 많이 했다. 타협의 단계에서 자주 나타나는 감정이 죄책감이다. 후회도 미래형으로 하면 유익할 수 있다. 자신을 계속 과거에 가두는 것이 아니라 그때의 나를 따뜻하게 이해하고 이 경험을 중요한 교훈으로 삼는다면 성숙해지는 기회가 될 수 있다.

그리고 현실을 있는 그대로 직시했을 때, 우리는 비로소 우울감, 슬픔을 느낀다. 삶에 에너지가 없어지고, 무감각해지며, 혼란스러운 상태에 빠질 수 있다. 나는 몇 개월 동안 회사에서 일을 하다가 눈물이 차올라 화장실로 뛰어가고, 밤마다 이불을 적셨다.

그렇게 끝나지 않을 것만 같던 터널 끝에 나는 애도의 마지막에 다다랐다. 꽉 찬 출근길 지하철 안에서 문에 비친 나의 모습을 보고 있었다. 눈은 퉁퉁 부어 있었고 지난 몇 개월 울기만 한 나는 지쳐 보였다. 그동안 내 인생에 연애는 나아지지 않을 거라 생각하던 자신에게 나는 말했다.

"나는 언젠가 정말 사랑하는 누군가와 가정을 꾸릴 거고, 우리 아이를 그 누구보다 사랑할 거야."

이것이 나의 수용 단계였다. 세상의 전부인 줄 알았던 사랑이 돌아오지 않는다는 사실을 인정하며, 이것이 '좋은' 일은 아니지만 괜찮은 일이며, 앞으로 나아갈 수 있는 또 다른 출발점이 되리라 생각했다.

부정, 분노, 타협, 우울은 모두 애도하며 느끼는 자연스러운 감정이며, 각자 그 순서나 정도가 다를 수 있다. 특히 어떻게 이 감정들에 반응하고 처리했느냐가 얼마나 건강하게 수용에 이르는가에 영향을 미친다. 어떤 사람들은 다른 사람을 만나거나 일에 몰두하거나 또 술을 마심으로써 이 감정들을 회피하려고 하는데, 그럴 경우 다시 예전으로 돌아가는 꼴밖에 되지 않는다. 이 감정들을 피하거나 억누르기보다는 인정하고 느끼는 것이 중요하다. 이별 후에는 삶의 많은 부분이 이전과 비교했을 때 달라지기 때문에 새로운 생활 패턴을 찾고, 자신의 정체성을 재정립하는 시간이 필요하다. 운동, 명상, 글쓰기, 새로운 취미 같은 활동이 새로운 자신을 만들어가는 데 도움이 될 수 있다.

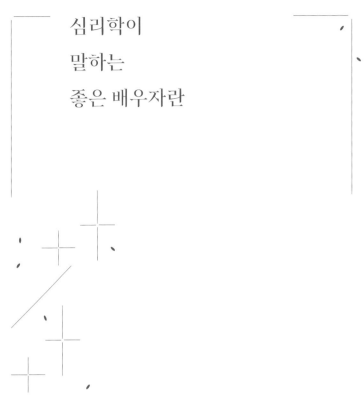

심리학이
말하는
좋은 배우자란

　　　　　결혼을 생각하는 사람이라면, 서른 즈음에 연애 상대를 보며 고민할 것이다. 헤어져야 할까? 결혼을 생각해야 할까? 연인이 가진 여러 성향과 조건을 생각하며 이 사람이 나와 과연 잘 맞는지, 최선의 선택인지 고민할 것이다. 각자 우선순위와 가치관이 있겠지만, 심리학 연구에서는 사람들이 생각하는 것만큼 중요하지 않은 조건들이 있고, 생각보다 엄청 중요한 조건들이 있다고 밝혀냈다.

미혼인 주변 친구들이나 동생들에게 이상형이 무엇이냐고 물어보면, 대부분 표면적인 것을 말한다. '키가 크고', '배려심 있고', '자기 일을 잘하는 사람' 등 말이다. 하지만 이런 조건들보다 훨씬 더 중요한 조건이 있다. 행동과학자이자 연애 코치인 로건 유리는 멋진 데이트 상대를 만나지 말고, 평생 파트너를 찾으라고 말한다.

많은 사람들이 꾸민 모습과 꾸며진 상황으로 자신을 설레게 하는 파트너가 좋은 배우자감이라고 착각한다. 사진에 근사하게 나오고, SNS에 올릴 만한 멋진 곳에 데려가고, 친구들에게 자랑할 만하기 때문에 이 사람과 행복할 것이라고 생각한다면 섣부른 판단이다. 이 사람이 아이의 학부모 면담에 참석할 만한 사람인가? 우리 부모님이 아프실 때 곁에서 함께 돌볼 수 있는 사람인가? 내가 잘 나갈 때뿐만 아니라, 우울해 일어나지 못할 때에도 함께할 사람인가? 이런 의문을 가져봐야 할 필요가 있다. 이 사람과 함께 있을 때 내가 어떤 모습을 보여도 마음이 편안한지, 아니면 과장하거나 숨겨야 하는지 잘 따져봐야 한다. 우리는 몇 번 데이트할 상대를 고르는 것이 아니라 오랜 시간 무슨 일이든 함께 헤쳐 나갈 파트너를 고르는 것이기 때문이다.

평생 함께할 배우자감을 찾는다면 그 사람의 정서가 안정감이 있는지 봐야 한다. 사회과학자 타이 타시로는 안정된 정서를 '스스로 제어할 줄 알아서 분노나 충동에 무너지지 않는 힘'이라고 정의한다. 자신의 감정을 잘 조절하고 효과적으로 소통하는 능력인 것이다.

정서적으로 안정된 사람은 충동적으로 '반응'하지 않고 사려 깊게 '대응'한다. 반응은 자동적이고 즉각적인 행동으로, 충동적일 수 있기 때문에 종종 예기치 않은 결과를 초래하거나 갈등을 악화시킬 수 있다. 반대로 대응은 자극 후에 시간을 갖고 상황을 분석하며 장기적인 결과를 고려하여 행동하는 것이다. 이러한 대응은 대게 문제 해결이나 긍정적인 결과를 가져온다.

대응할 줄 아는 사람은 관계에서 여유를 보인다. 상대를 공감해주고 배려해줄 줄 안다. 영화 〈어바웃 타임〉의 결혼식 장면은 아름답다. 폭풍우가 내려 사람들이 우왕좌왕하며 비를 피하는 장면에서도 결혼의 충만함이 느껴진다고 할까. 그 가운데서도 빛나는 빨간 드레스를 입고 사랑스러운 미소를 띤 신부의 모습은 너무나도 로맨틱하다. 그렇지만 나에게 가장 인상 깊었던 장면은 따로 있다. 바로 신랑 아버지의 건배사이다. 아버지의 신랑 신부를 향해 이렇게 말한다.

"우리는 모두 나이가 들면 똑같다. 같은 말을 반복한다. 그러니 친절한 사람을 만나라. 내 아들은 친절한 사람이다."

학창 시절부터 알고 지낸 친구 S는 최근에 새로운 연애를 시작했다. 그런데 오랜만에 본 그녀는 이상하게 행복해 보이지가 않았다. 그녀는 나와 대화를 나누면서 사실은 남자친구가 별일도 아닌 것 때문에 자신을 자주 비난하거나 몰아세우는 일이 많다고 했다.

하루는 친구의 남자친구가 우리 집에 놀러 온 친구를 데리러 왔다. 그런데 친구를 배웅하려 함께 나온 나를 보며 그는 차에서 창문조차 내리지 않았다. 조금 당황한 내가 둘 사이에 무슨 일이 있었느냐고 다음 날 묻자, 그녀는 그가 원래 그리 살갑지 않은 사람이라고 했다.

"그런데 나를 데리러 왔잖아."

그녀가 변명이라도 하듯 남자친구에 대해 말했다. 하지만 그것도 지난번에 싸운 것에 대한 화해의 의미로 데리러와 준 거라고 했다.

몇 번 데이트한 상대에게 친절하기란 쉽다. 그런데 계속 만남을 이어가도 친절할 수 있는 사람인가? 못되게 굴고 나서 연인을 잃을까 봐 다시 잘해주는 정도인가? 지하철에서 자리를

양보하는가? 어리바리한 신입사원에게 차근차근 설명해주는
가? 식당 종업원에게 정중하게 대하는가? 가족이나 친구가 힘
들 때 진심으로 위로해주는가? 이렇게 주변 사람들에게 친절
한 사람이 평생 나에게도 친절할 것이다.

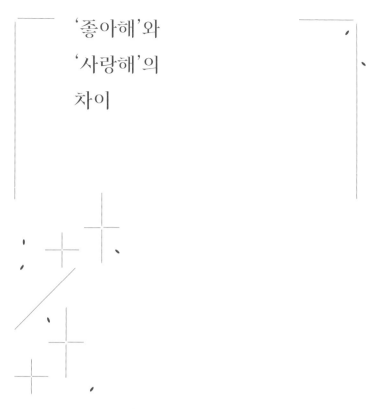

'좋아해'와 '사랑해'의 차이

　　나는 장기적인 계획을 세우는 것을 불편해 하는 사람이었다. 대학교에서 전공을 정할 때, 내가 소설 읽는 걸 좋아하고, 글 쓰는 걸 즐겼기 때문에 문예창작과를 선택했지, 평생 작가로 살리라는 포부를 가졌던 것은 아니다. 이민자, 유학생 커뮤니티에서는 종종 이런 질문을 서로에게 한다.

　"한국에서 정착하고 싶어? 미국에서 정착하고 싶어?"

그럼 나는 항상 대답하기 어려워했다. 환경이 어떻게 변할지 모르고, 그에 맞춰 내 마음이 언제든지 달라질 수 있다고 생각하기 때문이었다. 한 치 앞도 모르는 우리에게 먼 미래를 계획한다는 것은 굉장히 불안할 수밖에 없는 과제이다. 결혼은 그중에서도 인생에 영향을 가장 많이 미치는 선택 중 하나이다. 요즘 결혼을 하는 평균 나이는 삼십 초중반이라고 한다. 평생 함께할 배우자를 어떻게 하면 가장 현명하게 선택하고 결혼 역사의 도입부를 써 내려갈 수 있을까?

미국 미네소타주에 위치한 라이프 이노베이션Life Innovations은 커플과 가정에서 건강한 관계를 만들어가기 위한 방법들을 연구하는 단체이다. 연구팀이 2만 1,501명의 부부들을 대상으로 설문조사를 한 결과, 몇 가지 행복한 결혼의 요소와 불행한 결혼의 요소를 밝혀냈다. 이것을 바탕으로 부부들이 행복한지 불행한지를 93퍼센트 정확하게 예측할 수 있었다.

행복한 커플은 동의하지 않을 때도 대화할 수 있었다. 연애는 대게 '말이 잘 통해서' 시작한다. 그런데 갈등이 있을 때도 대화가 잘 통하는가? 커플이 장수하냐 아니냐는 여기서 결정된다. 결혼에 만족하는 커플은 갈등이 있을 때에도 서로 감정을 표현한다. 상대를 틀렸다고 지적하거나 비난하지 않고 열린 마음으로 듣는 것이다. 새로운 문제가 생겨도, 함께 해결책을 창의적으로 생각해낸다고 한다. 부부가 함께하다 보면 스트레스 받는 일이 분명히 일어나는데, 이때 서로를 존중하며 '잘' 싸울 수 있는 능력이 중요하다.

잘 싸우려면 해결 가능한 문제와 불가능한 문제를 구별해야 한다. 관계 심리학자 존 가트맨 교수는 커플 싸움의 69퍼센트가 해결할 수 없는 문제라고 말한다. 거기에는 다음 요소가 해당된다.

- 일, 야망, 돈, 가족과 관련된 주된 가치관
- 관계를 얼마나 자주 하고 싶은지에 대한 차이
- 급한 성격과 느긋한 성격의 차이
- 계획형과 즉흥형의 차이
- 정리와 청결에 대한 차이

이러한 특징으로 매일 싸워봤자 사람은 바뀌지 않고 감정만 상할 것이다. 서로 부딪치지 않게 생활에서 조율하는 쪽이 현명하다. 예를 들어, 파트너가 평소 자주 늦는다면 공항에 갈때는 따로 가기로 하고, 자신이 관계를 비교적 많이 하고 싶다면 섹스 토이를 사용해 욕구를 푸는 것이다. 근본적으로 바꿀 수 없는 특징은 받아들이면 불필요한 마찰을 피할 수 있다. 『허니문 이후After the Honeymoon』의 저자이자 상담사인 댄 월은 배우자를 고른다는 것은 문제 콤보 세트를 고르는 것과 같다고 말했다. 목적은 싸우지 않을 사람을 만나는 것이 아니라 잘 싸우고 타협할 수 있는 사람을 만나는 것이다. 서로의 입장을 들으며 연인 그대로를 알아가고 받아들일 때 관계가 더욱 돈독해질 수 있다.

많은 사람들이 나에게 어떻게 결혼을 결심했느냐고 물어본다. 결혼할 사람을 보자마자 첫눈에 느낌이 왔느냐고 말이다. 내 경우에는 그렇지 않았다. 나는 남편과 연애를 하는 동안 2년간은 그를 '좋아했다.' 그 말은 그가 지니고 있는 여러 장점과 내게 주는 유익을 좋아한 것이다. 첫 데이트 때 중고서점에 갔는데, 그가 헤밍웨이를 가장 좋아한다고 말했다. 그의 이야기를 들으며 책을 많이 읽는 사람이니 말이 잘 통할 것 같아서 좋았고, 여럿이 모인 자리에서 사람들에게 자연스럽게 말을 거는 모습이 좋았다. 내가 뉴욕으로 유학을 갈 때는 함께 와주어서 든든했다.

그런데 사랑은 그보다 더 많은 것이 요구되었다. 상대는 내가 좋아하는 부분뿐만 아니라 마음에 안 드는 부분도 함께 갖고 있기 때문이다. 결혼에 대해 고민하면서 그의 단점들이 하나둘 보이기 시작했다. 왜 이렇게 운동을 좋아하는지 하루에 2시간 이상 운동을 하지 않으면 기분이 매우 다운되었다. 또 그는 나와 다르게 매우 독립적인 사람이었다. 나를 만나기 전 그는 혼자서 몇 개월 동안 유럽 배낭여행도 했고, 캐나다와 미국에 걸쳐 있는 애팔래치아산맥을 오를 계획도 했다. 어느 날 밤 뉴욕 스튜디오에서 혼자 깨어 있었는데, 이런 질문이 떠올랐다.

'이 사람이 어느 날 나를 떠나면 어떡하지?'

사람의 곁을 많이 필요로 하지 않는 그가 언젠가 혼자만의 공간과 시간을 원할 수 있을 거란 생각이 든 것이다. 이 걱정은 불안형 애착 유형을 형성했던 나에겐 익숙했다. 그런데 전과 다르게 내 마음속에 이런 답변이 올라왔다.

'그럼 그때 보내주면 되지.'

그 생각이 심리학적으로 정확히 무슨 의미인지는 당시에 분석되지 않았다. 그렇지만 이 사람을 내가 정말 많이 사랑하고 있다는 확신이 들었다. 외로움은 내 31년 인생에 가장 큰 아픔이자 두려움의 대상이었다. 내가 나의 가장 큰 두려움을 극복할 수 있다는 걸 알았을 때, 나는 진짜 사랑을 할 수 있게 되었다. 이 사람의 장점과 단점, 내게 불편한 점 하나도 빠짐없이 받아들일 수 있게 된 것이었다.

　많은 사람들이 모든 조건을 갖추고, 미래를 가장 안전하게 보장할 수 있는 사람이 최고의 배우자감이라고 생각한다. 그런데 누군가를 사랑한다는 것은 정말 위험한 도전이다. 그렇기 때문에 이 사람과 함께 살다가 '어떤 일이 일어나도 괜찮다'라는 마음이 오히려 사랑의 본질에 더 가깝다. 나는 남편의 있는 그대로의 모습이, 앞으로의 가능성이 나에게 더 이상 위협이 되지 않는다고 느꼈을 때, 결혼처럼 말도 안 되는 약속을 할 용기가 솟았다.

우리는
함께 더
성장하고 있는가

내게 결혼을 제안했던 전 연인들이 있다. 그때는 내가 많이 망설였고, 존과의 결혼 결정은 매끄러웠던 이유가 있다. 그들이 내게 원하는 특정한 모습이 있었고, 나는 그것에 맞춰 살아가기 어렵다는 걸 무의식적으로 느꼈다. 나의 첫 남자친구는 보수적인 사람으로 내가 흥이 많은 걸 부담스러워했다. 20대 중반에 나는 마음껏 노래하고 춤추는 기쁨을 찾았고, 그러며 그가 바라는 나의 모습과는 더욱 멀어졌던 것이었다. 그 후로 만난 연인은 내가 유튜브를 해보고 싶다 처음 얘기했을 때, "다른 사람들의 댓글에 네가 상처를 받을까 봐 걱정돼"라고 얘기했다. 내가 대학을 졸업하고 혼자 몇 개월간 글을 쓰고 있었을 때, 그는 "언제까지 글을 쓸 거야? 도전에도 한계를 둬야 하는 거 아니야?"라고 말하며 나를 응원해주지 않았다. 그들과 함께하는 나는 변하고 성장하기 어렵다는 걸 직감했던 것 같다.

반면에 지금의 남편은 나의 유튜브 영상이 처음 조회 수 1,000명을 찍었을 때 매우 기뻐해주며, 카페에 함께 앉아 있는 나에게 이렇게 말해 주었다.

"저 앞 빌딩을 봐. 지금 저 빌딩에 있는 사람이 한 1,000명쯤 되지 않을까? 그 사람들이 모두 네가 하는 얘길 들은 거야!"

한국말이 서툰 그는 내가 올리는 콘텐츠를 반도 알아듣지 못한다. 아마 이 책을 읽을 수 있을지 모른다. 하지만 내겐 그것이 중요하지 않다. 그와 함께하면 내가 성공하든 실패하든 계속 성장할 수 있다는 믿음이 생겼다. 나는 그가 생각하는 나의 모습이 마음에 들어 결혼을 하기로 한 것이다.

인생은 새로운 상황과 문제의 연속이다. 상황과 함께 사람도 분명히 변한다. 그만큼 새로운 방법과 해답을 찾아야 한다. 생각과 마음의 유연성은 우리로 끊임없이 변하는 외부적, 내부적 환경에 적응할 수 있게 한다. 그렇기 때문에 익숙하지 않은 방식이더라도 시도를 해보는 사람들이 관계에서도 만족감을 느낀다고 한다. 역할 분담에 있어서도 요리, 청소, 하원, 운전 등을 상황에 따라 유연하게 바꿀 수 있는 커플이 오래 사이가 좋았다고 한다.

유연성을 증진시키는 생각 패턴 중 하나는 성장 마인드셋이다. 성장 마인드셋이란 지능을 포함한 여러 능력이 성인이 되어서도 발전 가능하다는 믿음이다. "나이 들어서 이제 안돼", "난 앞으로 그냥 이대로 살겠지" 같은 말을 버릇처럼 하는 사람은 좀처럼 잘 도전하지 않고, 실패했을 때에도 수치심을 잘 느낀다. 그것이 자신의 결함이라고 생각하기 때문이다. 그런데 '이번 기회를 통해 배울 수 있어'라고 생각하는 사람은 잘 도전하고, 실수하거나 실패해도 금방 회복한다. 결혼 파트너로서 항상 배울 점을 찾고 유연하게 문제를 해결해 나가는 사람만큼 든든한 조건은 없을 것이다.

그래서 현 연인이 좋은 배우자감인지 알아보는 좋은 방법은 상대가 지속적으로 성장하는지, 그와 함께하며 내가 스스로 성장했는지를 되돌아보는 것이다. 이 성장은 몸무게, 월급

등의 단순한 외적 성취가 아닌, 각자가 바라는 자신의 모습으로 나아가는 과정이다. 그런 과정에서 자신이 발전할 수 있다고 믿는 사람은 순간순간 자신을 위해 더 나은 선택을 하며 앞으로 나아가고 있을 것이다. 때로는 갈등이 있을 수 있다. 그렇지만 이를 유연하게 받아들이고 함께 문제를 해결해 나간다면, 그 관계는 더욱 단단해질 것이다. 결혼은 서로를 지지하면서도 각자가 원하는 삶을 만들어갈 수 있는 균형을 찾는 길이라고 볼 수 있다.

지난 3년간 나는 뉴욕과 LA 현장에서 훌륭한 교수님들의 가르침과 코칭 속에 심리전문가로서뿐만 아니라 한 인간으로서 풍부한 자아 성찰과 성장을 경험했다. 사람의 마음을 들여다보는 일을 걸을 수 있도록 이끌어준 모든 분들께 감사하다.

심리학을 공부하기 전에 나는 내 마음을 잘 이해하지 못해서 혼란스러웠고, 외로웠다. 하지만 심리학을 만나면서 그것이 누구의 탓도 아닌, 바로 내가 나 자신으로부터 느끼는 소외감 때문이라는 사실을 알게 되었다. 내 마음을 읽을 줄 알게 된 이후로 나는 나 자신과 친밀감을 느끼기 시작했고, 단단해진 자존감을 바탕으로 나뿐만 아니라 다른 사람들과도 더 진솔하고 안정적인 관계를 맺게 되었다. 이러한 긍정적인 변화와 따뜻한 연결의 힘을 동시대를 살아가는 사람들이 경험하길 바라며 이 책을 집필했다.

이 책은 각자의 삶의 조각들을 함께 맞춰준 여러 사람들의 관심과 수고 덕분에 완성될 수 있었다. 용기를 내어 자신의 이야기를 나누어 주신 내담자분들과 지인들에게 진심으로 감사한 마음을 전한다. 그들이 보여준 치유와 성장의 과정은 내게도 배움이었고 감동이었다. 늘 나를 따뜻하게 지지해준 가족, 그리고 곁에서 든든한 디딤돌이 되어준 나의 절친, 남편 존에게 감사하는 마음과 사랑을 보낸다. 마지막으로 함께 애써주신 토네이도 출판사분들께 감사드린다.

요즘 서른의 심리학

1판 1쇄 발행 2024년 11월 27일

지은이 박예지
발행인 오영진 김진갑
발행처 토네이도미디어그룹(주)

책임편집 박민희
기획편집 박수진 유인경 박은화
디자인팀 안윤민 김현주 강재준
표지 및 본문디자인 지완
마케팅 박시현 박준서 김예은 김수연
경영지원 이혜선

출판등록 2006년 1월 11일 제313-2006-15호
주소 서울시 마포구 월드컵북로5가길 12 서교빌딩 2층
원고 투고 및 독자 문의 midnightbookstore@naver.com
전화 02-332-3310 팩스 02-332-7741
블로그 blog.naver.com/midnightbookstore
페이스북 www.facebook.com/tornadobook

ISBN 979-11-5851-302-3 (03180)